ISBN 978-1-5276-0471-1
PIBN 10373312

1 MONTH OF
FREE
READING

at
www.ForgottenBooks.com

By purchasing this book you are eligible for one month membership to ForgottenBooks.com, giving you unlimited access to our entire collection of over 700,000 titles via our web site and mobile apps.

To claim your free month visit:
www.forgottenbooks.com/free373312

English
Français
Deutsche
Italiano
Español
Português

www.forgottenbooks.com

Mythology Photography **Fiction**
Fishing Christianity **Art** Cooking
Essays Buddhism Freemasonry
Medicine **Biology** Music **Ancient**
Egypt Evolution Carpentry Physics
Dance Geology **Mathematics** Fitness
Shakespeare **Folklore** Yoga Marketing
Confidence Immortality Biographies
Poetry **Psychology** Witchcraft
Electronics Chemistry History **Law**
Accounting **Philosophy** Anthropology
Alchemy Drama Quantum Mechanics
Atheism Sexual Health **Ancient History**
Entrepreneurship Languages Sport
Paleontology Needlework Islam
Metaphysics Investment Archaeology
Parenting Statistics Criminology
Motivational

propos
d'Anatole Franc

recueillis

par PAUL GSELL

PARIS

BERNARD GRASSET, ÉDITEUR

61, rue des Saints-Pères

IL A ÉTÉ TIRÉ DE CET OUVRAGE DIX
EXEMPLAIRES SUR JAPON IMPÉ-
RIAL NUMÉROTÉS DE 1 A 10 ET
CENT EXEMPLAIRES SUR VÉLIN
PUR FIL DES PAPETERIES LAFUMA
NUMÉROTÉES DE 11 A 110

AU LECTEUR

AU LECTEUR

LES entretiens familiers de l'abbé
Jérôme Coignard nous furent con-
servés par son naïf disciple Jac-
ques Tournebroche.

Notre bon maître Anatole France, n'est
point sans quelque parenté spirituelle avec

l'abbé Jérôme Coignard. Il discourt avec autant de grâce. Ce serait grand dommage que ses doctes et substantiels propos fussent à jamais perdus.

Nouveau Tournebroche, nous eûmes l'heur de les recueillir jadis à ces matinées de la Villa Saïd, qui furent, avant la guerre, les plus étincelantes fêtes de l'esprit.

Dans cette demeure, étaient reçus lettrés, artistes, hommes politiques, anarchistes espagnols, nihilistes russes. L'hôte du logis, dans son vif appétit de connaître les plus divers échantillons de l'humanité, les accueillait tous avec une affectueuse courtoisie. L'attrait qu'il exerçait le dispensait de courre le gibier. Les modèles qu'il voulait peindre venaient à domicile poser sans contrainte sous ses regards.

Il leur faisait l'insigne faveur d'essayer sur eux quelques-uns des plus ingénieux apophtegmes qu'il couchait ensuite par écrit.

C'est ce travail préparatoire d'un grand peintre dans son studio qu'il nous fut donné de suivre pendant plusieurs années.

Quand on parle d'Anatole France, on

a coutume de dire : — C'est un charmeur, mais quel désolant sceptique !

Nous qui l'écoutâmes assidûment, nous pouvons redresser une erreur trop répandue.

Si l'on entend par sceptique un philosophe qui doute de ce qu'il ne sait point et de ce qu'il n'a aucune raison de croire, qui raille les préjugés funestes, persifle les gloires boursouflées, flagelle les ambitions stupides et sanguinaires, assurément Anatole France est le prince des sceptiques. Mais qu'il soit indifférent à tout, c'est précisément le contraire de la vérité.

Nous n'eûmes pas de peine à découvrir dans ses moindres reparties des convictions très fermes.

Il est peut-être le dernier ouvrier des lettres qui ait gardé la belle superstition du style fluide et diaphane, le noble préjugé des mots succulents et des phrases harmonieuses.

Il aime si pieusement la douce France qu'il s'est fait un pseudonyme de ce tendre nom afin de se fondre en sa patrie.

Comme les plus généreux esprits de sa terre natale, il professe la religion de la

sincérité, le culte de la tolérance et la dévotion de la pitié. L'expérience ne fut guère
indulgente à ses espoirs. Néanmoins, à travers les pires tristesses de son temps, il a
gardé sa foi dans le progrès lent et certain
de la justice et de la bonté.

A l'occasion, ce rêveur nonchalant ne
marchanda pas sa peine et ne balança point
à descendre dans la rue pour defendre l'Idée.

Dieu sait combien il lui en coûte de déposer
sa clémentine cramoisie, de dépouiller sa
douillette de molleton, de secouer ses pantoufles et de quitter ses chenêts. D'un pas
résolu pourtant, il sortit maintes fois de sa
tour d'ivoire pour aller porter la bonne
parole à ses rudes frères des faubourgs.

Enfin et surtout il est idolâtre de l'amitié.

Celui qui pour beaucoup de ses contemporains symbolise l'Incrédulité est donc, à
sa manière, le plus croyant des croyants.

Tel est le témoignage de ses propres paroles dans les pages qu'on va lire.

On y trouvera non seulement le premier jet
de maximes dont il orna ses livres, mais
encore beaucoup de narrations excellentes

et inédites. Sans doute, ce ne sont là que bribes et miettes d'un royal festin. Mais la supériorité des grands hommes ne s'atteste pas toujours dans leurs ouvrages les plus étudiés. On la reconnaît plutôt dans ce qui s'échappe de leur cerveau spontanément et sans effort. Ce qu'ils ne songent pas à consigner, ce qu'ils lancent instinctivement et par boutades, les pensées longtemps mûries qui se détachent d'elles-mêmes sans qu'ils y prennent garde, voilà souvent le meilleur de leur génie.

M. France est, on le sait, le plus exquis des causeurs. Ses romans ne sont en somme que des dialogues philosophiques reliés par des intrigues indolentes. Son œuvre la plus attachante est peut-être ce ravissant Jardin d'Epicure *où il effeuille paresseusement sa fantaisie.* Les Matinées de la Villa Saïd *sont comme une annexe de ce courtil. A coup sûr, on y goûtera moins d'agrément, parce que ce n'est pas l'enchanteur lui-même qui tint la plume. Nous avons tenté cependant de respecter jusqu'au* **tour** *de son langage.*

Déjà quelque temps avant la guerre, d'amers chagrins inclinèrent Anatole France à l'isolement. L'effroyable cyclone le chassa de Versailles où il avait cherché le repos dans le nostalgique rayonnement du passé. Il porta ses dieux lares à la Béchellerie, petit domaine qu'il acquit près de Tours et où il médita pendant les années affreuses.

Tant de catastrophes l'ont assombri.

L'épreuve de l'interminable boucherie fut cruelle à un cœur débordant d'humaine compassion. Il n'y a point d'apparence que notre bon maître reprenne jamais les réunions amicales où pétillait autrefois sa verve narquoise. Aussi ne tardons-nous pas davantage à en fixer le chatoyant souvenir [1].

---

(1) *La plupart de ces entretiens furent publiés par fragments dans le* Cri de Paris, *auquel nous avons l'honneur de collaborer depuis près de vingt ans. Quelques-uns parurent aussi dans la* Grande Revue.

La chaumière du sage

La chaumière du sage

Le long de l'Avenue du bois de Boulogne, fringantes amazones et souples cavaliers, dévalant de l'Arc de Triomphe vers la porte Dauphine, caracolent dans l'argent du matin.

Sur une des marges de cette chaussée orgueilleuse, s'ouvre une impasse tranquille, plantée de sycomores qu'un diligent élagueur a taillés à la française. C'est la Villa Saïd.

Les demeures qui la bordent sont de hauteur modeste et, quoique dans l'en-

ceinte de Paris, semblent déjà des maisons
champêtres.

Derrière leurs grilles festonnées de lierre,
elles sont coquettes et pimpantes. Elles
abritent de paisibles gens, rentiers, artistes, écrivains, philosophes.

Celle d'Anatole France porte le numéro 5.

Durant la guerre, elle fut longtemps
muette ; le maître l'avait désertée. Elle paraissait veuve et mélancolique. Des briques
et du plâtre aveuglaient vilainement la
porte et les fenêtres du rez-de-chaussée.
C'était l'image même de l'affliction.

Depuis, cette façade morose a rouvert
ses baies comme des paupières et s'est
éclairée d'un nouveau sourire. Anatole
France revient parfois dans son ermitage,
quand il ne séjourne pas sur les bords de
la Loire à Saint-Cyr-lès-Tours, ou bien
chez des amis, sous les ombrages de Saint-
Cloud.

Mais cette maisonnette de la Villa Saïd,
cette Chaumière du Sage, nous la voulons
décrire telle qu'elle était à l'heureux temps

où une foule de visiteurs la hantaient.

L'huis peint en vert était tout un musée. La poignée de la sonnette était de bronze. C'était une petite tête florentine dont la grâce accueillait amicalement la main qui la caressait. La boîte aux lettres était scellée par des médailles antiques.

Un jour, le maître lui-même nous fit les honneurs de son logis.

Nous avions été reçu par la bonne vieille Joséphine. C'était la digne intendante de M. Bergeret. Son visage exprimait toujours quelque méfiance. Elle entrebaillait à peine le battant, regardait sous le nez le nouveau venu, le tenait prudemment dehors pendant cette minutieuse inspection et ne lui livrait accès qu'à bon escient.

Quotidiennement, sur les carrés de bristol qu'on lui tendait, elle épelait des noms de ducs, de marquis, de généraux, d'académiciens, de banquiers, de ministres. Joséphine était blasée sur les grandeurs humaines. Elle en avait mesuré toute la vanité.

— Le Maître est-il là ? lui demandait-on.

— Le Maître ! Le Maître ! répétait-elle en grommelant. Pourquoi l'appelez-vous le Maître ? Il n'est maître que de sa soupe, quand il la mange et encore seulement quand il l'a dans la bouche.

Ces propos savoureux, elle les mâchonnait entre ses dents aurifiéès.

Il ne déplaisait pas d'entendre la servante d'un philosophe émettre des opinions si pleines de moëlle.

Le vestibule regorgeait de trésors : faïences persanes aux œillets bleus, verts et rouges, poteries de Rhodes aux reflets mordorés, archaïques statuettes dressées sur des guéridons et des consoles. Un gros moine dépêchait son rosaire près d'une Vierge allemande au front protubérant et aux longs cheveux crêpelés.

Une mignarde Lucrèce italienne se perçait éternellement le sein.

L'escalier s'irisait de vitraux anciens pailletés d'or.

Dès l'entrée, l'on reconnaissait le goût

d'un des plus savants et des plus subtils collectionneurs.

Cette antichambre décorée si fastueusement nous rappelait une anecdote qu'on nous avait contée.

Une jeune étudiante russe arrivée à Paris n'eut pas de plus pressant désir que de voir Anatole France. D'après les livres et la renommée de l'écrivain, elle idolâtrait cet ami des humbles et des souffrants.

Munie d'une chaude recommandation, elle court à la villa Saïd.

Elle remet sa lettre à Joséphine qui gravit un étage pour prévenir son maître. Il consent à recevoir la visiteuse.

— Montez ! crie rondement la servante par-dessus la rampe.

Mais on ne répond pas.

Joséphine, un tantinet impatientée redescend. L'antichambre est vide. Elle cherche dans la salle à manger, dans le salon. Personne.

— Eh ! bien, Joséphine ? interroge le Maître qui attend.

— Eh ! bien, Monsieur, je ne sais où diable cette demoiselle est passée.

— *Hein ?*

— Elle s'est escamotée.

— *Que me chantez-vous là ?*

— Monsieur, je n'y comprends goutte. J'ai fouillé partout. Je ne la retrouve plus. Elle est partie !

— *En voilà une toquée, par exemple !*

On eut plus tard le mot de l'énigme. Sitôt le seuil franchi, la Russe avait été frappée de stupeur devant un raffinement de luxe qui dépassait l'opulence des Crésus les plus magnifiques. Ce n'était point ainsi qu'elle avait imaginé la retraite d'un apôtre. Cette âme fruste, cette candide enfant de la Scythie ne pouvait admettre que la passion du Beau fût compatible avec la sensibilité du cœur. Une sorte d'angoisse l'avait étreinte. Soudain, elle avait fait demi-tour, elle était sortie, elle avait doucement refermé la porte et s'était enfuie beaucoup plus vite qu'elle n'était venue. Jamais on ne la revit.

Nous n'eûmes garde d'imiter l'étudiante

russe et dès que Joséphine nous eût hélé, nous nous hâtâmes de grimper au cabinet du philosophe.

Anatole France allait confier sa tête au barbier et, avec une bonne grâce qui nous fut précieuse, il s'excusa de faire procéder à sa toilette en notre présence.

Figaro, qui s'avançait avec le *rasoir* ouvert et la savonnette, répandit sur la table un peu de mousse et dispersa quelques feuillets d'écriture.

France le dévisagea d'un regard comiquement irrité :

— *Vous pénétrez toujours chez moi comme un char armé de faux. Vous êtes un homme terrible.*

Habitué sans doute à ces algarades lyriques, l'homme terrible ne souffla mot et se mit en devoir d'opérer. La tâche n'était point aisée, car M. Bergeret s'agitait et causait sans cesse, tandis qu'on lui rafraîchissait la mâchoire.

Grimm, dans un de ses contes, parle d'un barbier si habile qu'il rasait un lièvre à la course. C'était jeu d'enfant auprès du prodige dont nous fûmes témoin.

La chambre à coucher était charmante.

Au-dessus du lit Renaissance, de brunes colonnes torses soutenaient un baldaquin italien dont la soie verte était égayée de ramages aux nuances tendres.

Parmi les objets qui lui agréaient le plus, France nous désigna sur la cheminée une sculpture antique. C'était une tête féminine, un peu rejetée en arrière, et dont les yeux mi-clos étaient noyés de langueur amoureuse :

— *Je l'ai dénichée*, fit-il, *près de Naples, au bord de la mer, dans une hutte de pêcheurs qui était presque entièrement construite avec des débris de chefs-d'œuvre.*

J'avais un assez long chemin à faire pour regagner l'hôtel. J'ajoutai donc une lire au prix convenu pour qu'on me portât ce marbre qui est fort lourd. Et d'abord je ne pris pas garde à la personne qui s'en chargeait. Mais, tout à coup, je m'aperçus que c'était une pauvre femme, grosse à pleine ceinture.

Je m'empressai de lui retirer ce fardeau

pour le confier à un jeune gars que je gra-
tifiai par avance d'une autre piécette d'argent. Or, voyez comme les bons sentiments
sont méconnus. Cette brave pêcheuse fut
tellement dépitée d'avoir été payée pour
un service dont je la dispensais, qu'elle
interpréta ma compassion comme un outrage. Elle ne me rendit point la lire que
je n'eusse certes pas reprise, mais elle me
suivit tout le long de la route en m'acca-
blant d'injures grossières.

Je connus ainsi que l'honnêteté est profondément ancrée dans le cœur de l'homme...
et même dans celui de la femme.

Ce n'est point le seul souvenir qu'évoque
en moi cette tête voluptueuse.

Je quittai Naples par mer.

Les Italiens, vous le savez, s'assurent
que les voyageurs n'emportent pas d'œuvres
d'art dans leurs bagages. Une prescription
très sage, l'édit Pacca, interdit qu'on ra-
visse les merveilles artistiques dont s'enor-
gueillit la péninsule.

Je tenais à cette tête et je m'étais bien
promis de ne pas la déclarer. Je l'avais

soigneusement emballée dans un coffret de
bois blanc. Et à l'inspecteur qui me demanda
ce que renfermait ce colis :

— « *Niente ! Niente !* » dis-je d'un air
innocent.

Il accepta cette réponse évasive et voulut
ranger la caissette parmi les objets déjà
contrôlés. Mais hélas, le fond céda et quand
la boîte fut enlevée, cette tête apparaissant
tout à coup, avec ses regards chavirés
d'amour, sembla se moquer du monde.

J'étais couvert de honte.

L'inspecteur examinait le marbre en con-
naisseur, se posait de trois-quarts pour le
mieux contempler, et m'adressant un inef-
fable sourire :

— « *Niente ! Niente !* » goguenarda-t-il.

Ce bourreau me mettait *au* supplice.
Mais avec une condescendance supérieure :

— « Emportez cela, fit-il, nous avons
trop de belles choses en Italie. »

On eût dit que ce gabelou avait taillé de
ses propres mains toutes les Vénus antiques
et qu'il était capable d'en refaire à la dou-
zaine.

Sa barbe achevée, France se leva et se coiffa de son toquet écarlate tout pareil à ceux des Florentins du Quattrocento dans les fresques dont Ghirlandajo a fleuri l'église Santa-Maria Novella.

Nous passâmes dans son cabinet de travail.

Sur la table, un adorable génie aîlé de Tanagra se haussait sur la pointe des pieds pour prendre son vol.

— *Je le crois authentique*, nous dit notre hôte. Et, *ce qui vaut mieux encore, il est ravissant.*

D'une main pieuse, il prit le petit Amour et l'approchant de ses yeux, presque de ses lèvres, il le caressa d'un air attendri.

Dialogue sans paroles d'un penseur très moderne avec le naïf coroplaste qui, dans le lointain des âges, avait, sans le savoir, parfumé cette argile de toute la grâce mélancolique éparse dans son temps.

M. Bergeret est fort éclectique et les emplettes qu'il fit prouvent la variété de son choix.

A vrai dire, ses préférences changèrent
d'année en année et son intérieur se modi-
fia selon les livres qu'il composait. Chaque
période de sa vie apporta chez lui de
somptueuses alluvions. A *Thaïs*, corres-
pondent les souvenirs helléniques, les
têtes, les torses, les statuettes et les stèles
de marbre ambré ; au *Lys Rouge*, les
faïences italiennes ; à *Jeanne d'Arc*, les
tapisseries du XVe siècle ; au roman *Les
Dieux ont soif*, les meubles et les estampes
qui datent de Louis XVI et de la Révolution. Le style de la fin du XVIIIe siècle a
fini par dominer, parce qu'il s'harmonise avec le dernier avatar d'une sensibilité infiniment capricieuse.

Le décor de cette demeure semble le
reflet d'une âme. Il la sertit comme un
élégant écrin enchâsse un bijou merveilleux.

— *Je ne suis pas riche*, nous dit France,
*et pourtant ma collection est assez honorable.
Chez les amateurs comme chez les amants,
la passion supplée à la richesse.*

Les belles femmes sont parfois plus tou-

chées par les ferventes et instantes prières
des soupirants pauvres que par les éblouis-
santes libéralités des financiers tout cousus
d'or.

Dans les boîtes des bouquinistes, dans les
cartons entr'ouverts au fond de boutiques
obscures, les pièces uniques, qui échappent
aux milliardaires, adressent parfois d'en-
gageantes œillades aux fureteurs dont la
bourse est mal garnie, mais qui les recherchent,
les poursuivent, les traquent, les implorent
avec une convoitise frénétique.

Cependant pour conquérir femmes et chefs-
d'œuvre, il vaut mieux être à la fois riche
et passionné.

M. Bergeret nous montra ses vieux
livres.

— Je les chéris tendrement, nous dit-il,
parce qu'ils procurent à qui les consulte
l'oubli du présent et un peu d'inoffensive
démence. Ce petit grain de folie affecte
même ceux qui les manipulent sans les lire.

Tenez, je ne connais pas d'esprit plus riant que l'excellent Sims, le libraire de la rue de Seine, qui me vendit la plupart de ces infolio. Il a deux amours également louables : les bons auteurs anciens et les généreux vins de France. Quand il me confie qu'il vient de faire une extraordinaire découverte, je ne sais jamais s'il parle d'une bouteille poudreuse ou d'un rarissime incunable.

Il va souvent costumé de façon bizarre ; mais cela procède de principes réfléchis. Il professe que l'ordre dans lequel nous passons nos vêtements est pure convention.

Quant à lui, le matin en se levant, il prend à l'aventure ses hardes sur son escabelle. Il lui arrive de mettre d'abord son veston, puis sa chemise, puis son gilet et d'endosser enfin sa flanelle par-dessus le tout :

— « Qu'importe, dit-il, pourvu que le compte y soit. Et n'ai-je pas aussi chaud ? »

Bien que cette théorie soit spécieuse, je ne cherche pas à la combattre, car j'aurais trop à faire de le désabuser.

L'autre jour, je le trouvai tout enchif-

frené, éternuant, toussant, se mouchant, reniflant, renâclant, le nez et les yeux mués en fontaines.

— « Hé ! mon bon Sims, où donc avez-vous attrapé cette funeste pituite ? »

— « Je l'ignore. Je n'ai pourtant commis nulle imprudence, même légère. »

Là-dessus, il me conta qu'il avait acheté la veille une foule de bouquins.

Mais sa boutique était comble, et il avait dû les monter dans sa chambre qui déjà était fort encombrée. Il avait même été contraint d'en empiler beaucoup jusque sur le bout de son lit. Il éprouva l'inconvénient de cette pratique au moment de se coucher. Heureusement, la tête de son lit touchait à la fenêtre et la fenêtre donnait sur le toit. Il n'imagina rien de mieux que d'ouvrir la croisée et de tirer un tant soit peu son matelas dans la gouttière. Après quoi, le corps dans la chambre et la tête dehors, le bon Sims s'endormit d'un sommeil enfantin.

Helas ! ne voilà-t-il pas qu'au beau milieu de la nuit un furieux orage éclata et

que toutes les cataractes du ciel lui crevèrent
sur le chef.

— « Ah ! bien, lui dis-je, c'est donc ainsi
que vous vous êtes enrhumé. »

— « Croyez-vous ?... » fit-il.

J'aime Sims parce qu'il n'accepte qu'avec
une extrême circonspection les raisons les
plus convaincantes.

France prit dévotement sur un rayon
un très beau livre que revêtait un parche-
min doré comme un vieil ivoire et gaufré
de tout un bestiaire fabuleux.

— Ce Vasari, fit-il, est mon orgueil.

Il le feuilleta et tomba sur le portrait
de Paolo Uccello.

— C'est ce peintre, dit-il, à qui sa femme
reprochait doucement de travailler avec
trop de lenteur.

— « Il me faut du temps, observait l'artiste, pour établir la perspective de mes tableaux. »

— « Oui, mais Paolo, protestait la pauvre
créature, la perspective que tu nous traces
est celle de la misère et de la tombe. »

Elle avait raison et il n'avait pas tort.

Eternel conflit du scrupule artistique et de la dure réalité.

Ainsi M. Bergeret, loin des soucis contemporains, des amertumes quotidiennes, des menaces qui montaient à l'horizon, s'enfonçait dans l'apaisante féerie des siècles écoulés.

Par les sculptures, les tableaux, les livres, il communiait avec les mortels défunts. Au moyen des signes écrits et des formes peintes ou façonnées, il tâchait de pénétrer dans les âmes d'autrefois. Avide de savoir, il annexait aux heures qu'il vivait d'innombrables journées révolues. Selon sa coutume, il accomplissait en pantoufles et en *robe* de chambre un immense périple à travers la durée et il en rapportait pour nous de substantifiques enseignements.

Joséphine vint annoncer deux délégués d'un comité socialiste.

L'un était un *gros* homme *rougeaud*, bourgeoisement nippé, mais sans cravate et en chemise molle, car son cou

3

puissant n'en tolérait pas d'autre. C'était un forgeron. Il s'excusa de ne pas tendre sa main droite qui était emmaillotée, parce qu'elle avait été blessée dans une manœuvre d'usine. Son compagnon, chétif, malingre, aux yeux ardents, aux cheveux embroussaillés était un instituteur. L'un, par sa brutale carrure, l'autre, par sa débilité fiévreuse, incarnaient le peuple voué aux lourdes corvées du corps et de l'esprit.

Ils félicitèrent France de son intervention dans un récent meeting.

Son discours avait soulevé des rafales d'applaudissements. Mais il avait été hâché continuellement par le cri de « Vive l'anarchie ! ». Cette apostrophe compromettante avait été poussée en cadence par un groupe de mouchards fort reconnaissables à leurs grosses moustaches, à leurs basses figures et à leurs souliers à clous.

Les deux délégués flétrirent les procédés des agents provocateurs.

Ils demandèrent à l'écrivain de présider une nouvelle réunion.

Il regarda ses pantoufles, flatta de la main son Vasari, coula vers le petit Eros de Tanagra un furtif et bienveillant coup d'œil.

Puis ses prunelles noires fixèrent un moment le poignet emmailloté du forgeron et les joues creuses du maître d'école :

— *J'irai*, fit-il.

Visites académiques

Visites académiques

Aux approches de chaque élection académique, les candidats rendent à M. Bergeret leur visite d'usage. Ils savent que depuis belle lurette il ne va plus au coin du quai, et qu'il ne participe à aucun scrutin. Néanmoins, par déférence pour sa gloire, ils sollicitent sa voix. C'est une touchante coutume à laquelle nul ne se dérobe, pas même MM. les membres du Clergé.

Ils auraient pourtant de valables raisons pour ne pas se commettre avec ce pape des incrédules.

Mais peut-être son entretien leur offre-t-il l'attrait du fruit défendu ? Peut-être espèrent-ils, par quelques mots éloquents, jeter dans son âme les semences d'une éclatante conversion ?

Ainsi le sévère Paphnuce entreprit autrefois de gagner à Dieu la folichonne Thaïs.

Quand le cardinal de Cabrières, qui n'était encore que Monseigneur, mais qui bientôt après devint Eminence, souhaita un siège sous la coupole, il vint comme les autres à l'ermitage de la Villa Saïd.

La vieille Joséphine, aux dents d'or, l'introduisit avec un grand respect.

— Monsieur, dit l'évêque d'un ton cavalier, je vous avoue tout net que je n'ai pas lu vos romans.

— *Monseigneur*, répondit France, avec une onction sacerdotale, *je vous confesse en toute franchise que je n'ai point lu vos mandements.*

Ainsi amorcée, la conversation fut cordiale. Le prélat fit observer paternellement à France que de grands écrivains avaient chanté le los du Très-Haut. Il cita Chateaubriand.

France *répondit* qu'en effet l'harmonieux vicomte avait bellement célébré le décor du catholicisme, mais qu'il avait surtout époussèté le mobilier et astiqué l'orfèvrerie du culte, comme une chaisière ou un bedeau et que, par contre, il avait quelque peu négligé le dogme :

— *Il aimait, dit-il, la majesté des cathédrales et le faste des pompes rituelles. Mais moi aussi, Monseigneur, je les aime.*

Et d'un geste benoît, il montra les rutilantes étoles, les coruscantes chasubles, les claires navettes d'argent qui scintillaient dans ses vitrines.

— *Chateaubriand vénérait les auteurs sacrés. Mais moi aussi je m'en repais, Monseigneur.*

Et sur les rayons de sa bibliothèque, à la place d'honneur, il désigna l'Aigle de Meaux et le Cygne de Cambrai réconciliés.

Il faisait sa Sainte Nitouche.

Mgr de Cabrières se retira persuadé

que, sur quelques points, les croyants les plus sincères ne perdraient rien à recevoir les leçons d'Anatole France.

Le mercredi qui suivit, — car c'était le mercredi que M. Bergeret recevait ses intimes — on parla de Mgr Duchesne qui se présentait à l'Académie contre Mgr de Cabrières. La rivalité des deux prélats divertissait la galerie. On ouvrait des paris. On donnait Mgr Duchesne à deux contre un. On mettait en balance les sympathies de la gauche académique pour l'un et celles de la droite pour l'autre.

On contait le *tour* pendable joué par l'auteur des *Origines de la France Chrétienne* à Mgr de Cabrières qui est un somptueux orateur, mais qui n'a presque rien écrit.

Mgr Duchesne était entré dans diverses librairies qui avoisinent le palais Mazarin et de sa voix la plus candide :

— Donnez-moi, avait-il dit, les œuvres complètes de Mgr de Cabrières.

Etonnement des commis :

— Les œuvres complètes de Mgr de Cabrières ? Nous ne tenons pas cela.

— Mais si, mais si ! Cherchez un peu !

On cherchait, puis :

— Monseigneur, nous ne trouvons rien.

— Mais enfin, Mgr de Cabrières est candidat à l'Académie. Il a donc certainement écrit quelque chose. Et je désire ardemment lire ses œuvres. Cherchez encore, je vous prie.

Grand branlebas. Patrons, employés furetaient de tous côtés, déplaçaient les piles de volumes, grimpaient aux échelles. Rien, toujours rien :

— Désolés, Monseigneur !

— Moi aussi ! Moi aussi !

Et en sortant, il attestait le ciel de ses bras levés :

— Mais où donc, où donc trouverai-je les œuvres complètes de Mgr de Cabrières ?

Cette galéjade colportée par les libraires faisait les délices de MM. les Académiciens.

M. Bergeret, à qui, ce matin-là, quelqu'un vint la narrer toute chaude, s'en
pourlécha les babines.

— *Monseigneur Duchesne*, dit-il, *a toujours montré bien de l'esprit.*

*Quand il n'avait pas encore reçu l'an-
neau d'améthyste, il habitait un troisième,
quai Voltaire. Un de ses confrères en archéologie lui rendit visite et, avec des trans-
ports de joie, lui annonça qu'en déchiffrant
de vieux cartulaires il avait découvert un
saint nouveau.*

— « *Peuh ! fit rondement l'abbé, votre
saint est légendaire, comme tant d'autres.
Il n'a jamais existé, cher Monsieur.* »

*Et il exposa doctement les preuves de
son opinion.*

Elles eurent le don d'exaspérer son hôte :

— « *Monsieur l'Abbé, fit-il furieux,
votre discourtoisie trahit votre origine bre-
tonne. Vous me faites penser à vos ancêtres,
sauvages pirates armoricains, qui écumaient
les rivages de la mer. Brisons-là ! Je vous
prie seulement de m'indiquer le plus proche
embarcadère de bateaux-mouches.* »

— « *Monsieur, répliqua fièrement l'abbé, je ferais injure à la dignité de mes ancêtres en m'occupant de batellerie d'eau douce.* »

Convenez qu'il y avait de la finesse dans cette riposte d'archéologue offensé.

L'un de nous rappela les mots qu'on attribue à Mgr Duchesne, celui-ci, par exemple, sur la politique naïve du Pontife Pie X :

— « *C*'est un gondolier de Venise dans la barque de saint Pierre. Il la conduit à la gaffe. »

Et cet autre encore :

— « Avez-vous lu la dernière bulle : *Digitus in oculo ?* »

— *Il n'est pas très certain,* reprit Anatole France, *que ces pointes soient de lui. Mais on ne prête qu'aux riches.*

Monseigneur Duchesne a sans doute trop d'esprit pour un prêtre et de telles saillies lui font peut-être du tort. Mais c'est le cadet de ses soucis.

Un jour qu'il se promenait à Rome avec le fameux archéologue Rossi, ils tombèrent **en arrêt devant une belle plaque de marbre** fraîchement scellée, où l'on avait gravé en latin : Ici se rencontrèrent les apôtres saint Pierre et saint Paul.

'L'invraisemblance historique de l'évènement leur fit hocher la tête.

Au-dessus de cette phrase, on lisait en italien :

Défense de déposer des ordures le long de cette muraille.

— « Prescription bien sage... », fit Rossi.

— « ... Mais bien mal observée ! » ajouta l'abbé en désignant du bout de sa canne l'inscription hagiographique.

Et nos deux compères de passer.

Anatole France continua :

— La ressemblance physique de Monseigneur Duchesne et de Voltaire est frappante. J'en conclus... que Voltaire était un saint homme.

— Mais enfin, demanda quelqu'un, comment Mgr Duchesne concilie-t-il la foi et l'érudition ?

FRANCE. — Il ne les concilie pas. Pourquoi voulez-vous qu'il les concilie ? Il est à la fois très savant et très croyant. Son *archéologie et son catholicisme voisinent dans son âme sans se connaître. Une cloison étanche les sépare. Et ne pensez pas que son cas soit rare. Le crâne de chacun de nous abrite une foule d'idées contradictoires auxquelles nous sommes également attachés et qui font très bon ménage, parce que nous ne les confrontons jamais.*

A ce moment, nous vîmes entrer M. Edmond Haraucourt, le truculent poète de la *Légende des Sexes*, conservateur du musée de Cluny.

Il débuta par des compliments :

— Mon cher Maître, fit-il, je vous trouve un air de jeunesse qui m'enchante.

FRANCE. — *Hé! Hé! Je vieillis pourtant.*

— O Maître, se récria gentiment un tout petit jeune homme qui n'avait pas encore ouvert le bec, si vous veillissez, on ne s'en aperçoit guère à vos derniers livres.

FRANCE (malicieusement). — *Parbleu ! A*

mes livres !... *Il ne manquerait plus que ça !... C'est à d'autres signes, hélas ! que je sens la vieillesse ennemie. Vous les connaîtrez plus tard, beaucoup plus tard, jeune homme dont les matins sont triomphants.*

(Et s'adressant à M. Haraucourt).

— *Eh ! bien, mon cher conservateur, votre Musée ?*

HARAUCOURT. — Je l'épluche, je l'échenille...

FRANCE. — *Comment ?*

HARAUCOURT. — Il fourmille de faux.

FRANCE. — *Oui-dà ! Je m'en doutais.*

HARAUCOURT. — Grâce à un contrôle sévère, je sépare le bon grain de l'ivraie. Tout ce qui paraît suspect, je le retire des collections pour le remiser dans mon logement de conservateur.

FRANCE. — *Excellente idée !*

HARAUCOURT. — Le mobilier que je me suis ainsi composé pour mon usage personnel est abondant et hideux. Mon appartement est devenu le sanctuaire du truquage, le Panthéon du toc. Mais il faut que ma critique modère sa rigueur, car mon salon; ma salle à manger, ma chambre à coucher et jusqu'au buen retiro regorgent maintenant d'armoires de Boulle, de pendules Louis *XIII*, de crédences Henri II qui toutes sont du XIXᵉ siècle le plus authentique ([1]).

Nous nous tenions les côtes.

M. Haraucourt reprit :

— Dernièrement, j'éprouvai la surprise la plus vive et la plus importune. Vous connaissez bien notre fameux coffre du XIVᵉ siècle si vanté dans tous les manuels d'art ?...

FRANCE. — *Assurément !*

HARAUCOURT. — Il est faux !

FRANCE. — *Allons bon !*

HARAUCOURT. — Voici comment je m'en aperçus. Je voulus célébrer ce coffre dans une pièce de vers, car il m'inspirait. Sur les panneaux de bois, sont sculptés des sujets où je crus reconnaître les *Joyes du Mariage*. Des époux se chamaillent et se pouillent. Des commères coiffent leurs

---

([1]) *Depuis, ce mobilier hétéroclite a été de nouveau réparti dans le Musée, car M. Haraucourt n'y loge plus.*

maris de luxuriantes ramures. J'avais accordé mon luth et je préludais, quand je
remarquai, sur deux faces, des scènes héroïques qui n'avaient rien de commun
avec les autres. C'étaient des chevaliers
qui, lance au poing, partaient en guerre.
Je sais bien que les militaires peuvent
galamment intervenir dans les ménages
de pékins. Mais, vraiment, ces paladins
étaient trop nombreux.

Ils me mirent la puce à l'oreille. Je
découvris que mon coffre est un artifi-
cieux rafistolage de pièces et de morceaux.
Un tiers du couvercle seulement remonte
au XIVe siècle.

Vous pensez si je déposai mon luth.
Mais, pour Dieu, Messieurs, soyez dis-
crets ! Car ce coffre, c'est notre gloire.
Il est si célèbre que je n'ai pu me résoudre
à en frustrer le public.

France riait aux larmes.

— On ne se douterait guère, reprit
Haraucourt, que je viens vous faire ma
visite de candidat à l'Académie.

FRANCE. — *Ignorez-vous que je ne fourre*

jamais les pieds au Palais Mazarin ([1])?

HARAUCOURT. — Voyons, mon cher Maître, ne pourriez-vous...

FRANCE. — *Ecoutez, mon cher ami, les huissiers ne me reconnaîtraient même pas. Au fait, voici un moyen ingénieux... Mon ami russe Semenoff que je vous présente...*

SEMENOFF (géant paré d'une large barbe noire, s'incline devant M. Haraucourt).

Monsieur...

HARAUCOURT (de même). — Monsieur...

FRANCE. — *... Mon ami Semenoff irait à ma place à l'Académie et dirait qu'il est Anatole France... Non, sérieusement, j'aurais mauvaise grâce de ne m'y rendre que pour voter.*

HARAUCOURT. — Enfin, je vous remercie de votre suffrage platonique !

FRANCE. — *Pauvre ami !... Vous en avez certes de plus efficaces. Voyons, qui avez-vous? Repassons les noms des Académiciens. Le malheur est qu'on ne les connaît guère.*

---

(1) *Pendant la guerre, M. Anatole France, pour rendre hommage à l'union sacrée, parut à l'Académie. Mais il ne tarda pas à en oublier de nouveau le chemin.*

HARAUCOURT. — Moi, je les connais tous.

FRANCE. — *Pas possible !*

HARAUCOURT. — Ma parole ! A chaque vacance, on compte dans Paris une demi-douzaine de pauvres diables qui apprennent la liste complète des Immortels et qui, de logis en logis, vont tirer la bobinette.

FRANCE. — *Pour vous consoler, vous rappellerai-je les pages adorables où Vigny, dans le* Journal d'un Poëte, *a noté sa visite à Royer-Collard ?*

HARAUCOURT. — Je les sais par cœur. Quelle délicieuse bouffonnerie ! Le vieux Royer-Collard emmitouflé dans une robe de chambre de Géronte et coiffé d'une perruque noire, entr'ouvre la porte à Vigny pour lui dire : « Je ne suis pas visible, Monsieur, je viens de prendre médecine. » Et il ajoute : « Entre nous, vous n'avez aucune chance... D'ailleurs, j'ignore vos œuvres, car je ne lis plus rien depuis trente ans... A mon âge, Monsieur, on ne lit plus, on relit. »

FRANCE. — *Eh ! bien, vous voyez, mon cher ami, à quelle mortification la candidature du noble Vigny exposa son orgueil. Que son exemple vous aide à supporter patiemment vos propres tribulations.*

Visites académiques
(Suite)

Visites académiques
(Suite)

IL est **certain**, reprit Haraucourt, que, depuis Vigny, rien n'a changé. Il se plaignait que Royer-Collard n'eût pas lu ses œuvres et je m'aperçois au cours de mes visites, que bien peu d'Immortels connaissent mon bagage d'écrivain. C'est désolant !

FRANCE. — *A quoi pensez-vous ? Jamais, au grand jamais, les Académiciens n'ont ouvert les livres des candidats.*

Tenez, Leconte de Lisle, le blasphémateur qui écrivit les Poèmes Barbares, *fut élu comme poète chrétien. Je vous assure. Je vous en parle savamment. J'ai assisté minute par minute à son élection. J'étais secrétaire de la bibliothèque du Sénat dont il était conservateur.*

Ce fut grâce au duc de Broglie qu'il fut élu.

Le duc de Broglie sut que Leconte de Lisle était poète. Comment l'apprit-il ? Je me le demande encore.

— « On m'a parlé d'un poète », confia-t-il à ses collègues.

Ici France prend une petite voix aigre-lette et chevrotante pour imiter le duc de Broglie.

« Ce poète est certainement spiritualiste, car tous les poètes le sont. Spiritualisme, christianisme, c'est tout un. Mon Leconte de Lisle est donc un chrétien, un bon chrétien, un excellent chrétien. Je vote pour lui. Faites comme moi. »

Il faut vous dire que le duc de Broglie était chrétien jusqu'au crime. Il avait été d'une complexion ardente. Un jour, son médecin lui avait conseillé de prendre une maîtresse pour ménager sa femme d'une santé fort précaire.

Le duc réfléchit et soudain :

— « Hé ! ma foi, cher docteur, répondit-il, j'aime beaucoup mieux perdre ma femme que mon âme. »

L'élection de Leconte de Lisle fut d'ailleurs facilitée par une heureuse confusion. La plupart des Immortels qui votèrent en sa faveur lui attribuaient, à ce qu'on m'a dit, Le Vase brisé de Sully-Prudhomme.

Le visage de M. Haraucourt exprima l'ahurissement.

FRANCE. — *Mais le plus souvent, mon cher ami, vous le savez aussi bien que moi, les élections sont purement politiques.*

HARAUCOURT. — Pourtant, mon cher Maître, la vôtre ne le fut pas !

FRANCE. — *Plus qu'aucune autre, au contraire. Mais cela mérite d'être conté par le menu.*

Ludovic Halévy, qui me portait une fraternelle amitié, me répétait sans cesse : « Pourquoi bouder l'Académie ? Il faut en être. Ça fait bien sur la couverture des bouquins. *Présentez-vous. Faites-le pour moi. J'ai honte d'être Immortel quand vous ne l'êtes pas.* »

Tant et si bien que je rédigeai ma candidature. J'allai la lui lire.

— « *Fi ! me dit-il, votre lettre n'est pas protocolaire ! Passez-la moi que je l'arrange à la mode.* »

Et de parti-pris, il y piqua trois ou quatre bonnes grosses fautes de français qui rutilaient comme des coquelicots dans les blés.

— « *Voilà, dit-il, le style qui convient. Mais ce n'est pas tout. Il s'agit de savoir qui vous aurez pour vous.* »

Il dressa une liste et procéda à d'innombrables pointages.

— « *Hum ! Hum ! fit-il, ce sera dur. Ces sacrés ducs ne vous avaleront pas sans faire la grimace.* »

J'entrepris mes visites. Halévy dirigeait les opérations. Chaque matin, je recevais un billet : Allez chez celui-ci ! Retournez chez celui-là !

Pourtant il était rongé d'inquiétude.

Enfin, un jour, je le vis radieux :

— « Ça va ! fit-il en se frottant les mains, nous les tenons ! »

— « Qui ça ? »

— « Les ducs ! Écoutez-moi. Il y a deux fauteuils vacants. L'extrême-gauche de l'Académie vous présente à l'un. Les ducs poussent à l'autre un digne gentilhomme de vieille souche, mais tout à fait illettré. Ils ne l'imposeront pas sans peine.

« Nous leur avons dit :

— « Voulez-vous que l'extrême-gauche vote pour votre gentilhomme ? Votez pour l'anarchiste Anatole France. Passez-nous la casse, nous vous passerons le séné. »

« Tope-là ! Ils ont consenti. Je jubile. Faites vos visites aux ducs : ils sont prévenus. Mais surtout ne parlez ni politique, ni religion ! fichtre ! Dites : Le soleil luit ! ou bien : Il vente ! Il pleut ! Il bruine ! Demandez à la maîtresse de maison des nouvelles de son caniche et de ses babouins. On a fait les mêmes recommandations au gentilhomme. »

Tout alla comme il avait prévu. L'anar-

chiste et le grand seigneur furent élus le même jour et par les mêmes voix. Ce fut tout à fait impudique.

* * *

HARAUCOURT. — N'importe ! L'Académie se fit grand honneur en vous nommant.

FRANCE (lui prenant la main). — *Merci, cher ami. Je continue, car il y a une suite.*

Parmi les suffrages qui m'étaient promis, un seul me manqua : celui d'Henri de Bornier. Comme cette petite trahison avait été divulguée, il voulut s'en excuser près de moi.

— « Cher Monsieur France, commença-t-il, je n'ai pas voté pour vous. »

— « Je vous demande pardon, Monsieur de Bornier, vous avez voté pour moi. »

— « Mais non », fit-il interloqué.

— « Mais si; n'êtes-vous pas gentil-homme, Monsieur de Bornier? »

— « Assurément, mais... »

— « N'êtes-vous pas le poète de l'honneur? »

— « *Sans doute, mais...* »

— « *Il est donc impossible que vous ayez protesté votre engagement. Vous avez voté pour moi, Monsieur de Bornier, vous avez voté pour moi.* »

Il s'éloigna l'oreille basse. Mais je n'étais pas assez vengé, et je n'attendais que l'occasion d'assouvir ma rancune.

Je la trouvai à une séance du dictionnaire...

Mon cher Haraucourt, vous prendrez certainement part aux séances du dictionnaire. Car vous serez de l'Académie. On obtient toujours ce qu'on désire fortement.

HARAUCOURT. — Voire !

FRANCE. — *N'en doutez mie ! Et je vous souhaite de bien vous gaudir à ces fameuses séances.*

Nous en étions toujours à la lettre A ; *car on travaille à petites journées sous la Coupole. On rédigeait l'article* anneau.

C'était le duc de Broglie qui présidait.

A la majorité des suffrages, on adopta la définition que voici :

Anneau, morceau de métal de forme circulaire.

— « Anneau de fumée » *soufflai-je insidieusement.*

Ces mots jetèrent quelque désarroi. Mais un grammairien reprit avec assurance :

— « *Eh ! bien, nous mettrons :* par catachrèse : anneau de fumée. »

Catachrèse *parut sublime.*

Comme exemple, on cita : l'anneau de Saturne.

— « *Les astronomes en ont découvert plusieurs, fis-je observer : Il faut donc écrire :* Les anneaux de Saturne. »

— « *Non, répondit-on, c'est la coutume de dire* l'anneau de Saturne *; nous ne sommes faits que pour entériner l'usage. Tant pis pour vos astronomes !* »

J'étais vexé.

C'est alors qu'il me vint une idée infernale.

Mon voisin de fauteuil était précisément le bon petit père Bornier. Il ronflait comme un tuyau d'orgue. Je le poussai du coude :

— « *Ils oublient l'anneau d'Hans Car-vel.* »

— « *Hein !* » *fit-il en se frottant les yeux.*

Ici France ouvrit une parenthèse.

Vous connaissez tous, mes chers amis, cette histoire de haulte gresse. Vous l'avez lue au tiers livre de Pantagruel. Le bon-homme Hans Carvel s'étant marié, sur le tard, avec une fringante poulette, était crucifié par la jalousie. Une nuit qu'il dormait près de sa femme, le diable lui offrit en-songe un bel anneau : « Passe cette bague à ton doigt ; tant qu'elle y sera, ta compagne te sera fidèle. »

Dans sa joie, le bonhomme s'éveille, et il entend sa femme lui dire : « Assez ! Assez ! Je vous prie ! »

Henri de Bornier accoutumé à dégaîner Durandal, à emboucher l'oliphant, à en-fourcher Pégase et à caracoler sur les nuées, n'avait jamais lu Rabelais.

Je lui répétai :

— « *Ils oublient l'anneau d'Hans Carvel. Il faut les avertir.* »

Et tout aussitôt, ce digne petit vieillard de crier innocemment :

— « *Messieurs, vous oubliez l'anneau d'Hans Carvel.* »

Quelques rires fusèrent.

Le duc de Broglie qui, lui, connaissait fort bien son Rabelais, mais qui avait de la gravité dans le caractère, réprima sur le champ cette hilarité malséante :

— « *Continuons, Messieurs* », *fit-il avec humeur.*

L'instant d'après, je me penchai vers Bornier :

— « *On ne vous a pas entendu* », *lui dis-je.*

— « *Messieurs, Messieurs, fit-il en se trémoussant, vous oubliez l'anneau d'Hans Carvel.* »

Cette fois, ce fut une tempête de gaîté.

— « *Mais qu'ont-ils donc ?* » *me demanda Bornier.*

— « *Je ne sais* », *lui répondis-je hypocritement.*

Furieux, le duc de Broglie leva la séance.

En sortant, il passa près de moi ;

— « *Drôle de bonhomme, ce Bornier, me dit-il. Beau nom, bonne race, antique famille du Périgord ; mais il lève le coude comme un sonneur. Et, dame, quand il a dans le nez un coup de trop, il raconte des cochonneries à faire rougir un macaque.* »

Voilà, mon cher Haraucourt, le très véridique récit de mon élection à l'Académie Française et du curieux épisode qui s'y rattache.

* * *

France continua :

— *Les Immortels ne lisent rien. Ils sacrent leurs nouveaux confrères sans jamais avoir mis le nez dans leurs livres. Ils octroient des prix de littérature selon la même méthode ; car elle leur semble bonne. Parfois, elle les expose pourtant à d'étranges bévues.*

Connaissez-vous, mon cher Haraucourt, l'histoire d'un prix de poésie décerné à Louise Collet ?

— Non ! fit-il.

Il aurait dit non de même s'il l'avait connue, car il est courtois.

FRANCE. — *Louise Collet était, sous le Second Empire, une majestueuse femme, fort belle, un peu virago, une voix de major-dome et des yeux qu'elle ne mettait pas dans sa poche.*

Elle était mariée à un très vilain petit nabot, violon au Conservatoire.

Le grand philosophe Victor Cousin, qui la vit, découvrit en elle le Vrai, le Beau *et le* Bien. *Il sganarellisa le petit violon. C'était dans l'ordre.*

Louise Collet taquinait la lyre. Elle demanda à son métaphysicien de lui faire obtenir des prix de poésie à l'Académie Française.

Comment Cousin aurait-il refusé un si modeste pourboire de divines heures ?

Chaque année que Dieu fit, Louise Collet reçut donc sa couronne. C'était réglé comme des petits pâtés.

Une fois, la bonne dame s'y prit un peu tard pour confectionner sa pièce de concours. La veille même du dernier délai, elle n'avait pas encore pondu un seul vers.

La voilà fort embarrassée. Ce soir-là,

elle avait à sa table des écrivains et des artistes. D'aventure, Flaubert et Bouilhet étaient venus. Ils avaient de l'amitié pour elle, parce qu'elle était bonne fille et mettait chacun à l'aise.

Après le dîner, elle les poussa dans un coin du salon :

— « Mes mignons, dit-elle, il faut me sauver la vie. »

Et leur révélant son angoisse.

— « Vous allez être bien gentils. Suivez-moi dans mon cabinet de travail... Par ici... Calez-vous dans ces deux bons fauteuils, et, avant minuit, troussez-moi deux cents vers sur L'Immortalité. C'est le sujet mis au concours. Voici du papier, de l'encre... Ah ! j'oubliais ! Vous trouverez mon tabac et mon schnaps dans ce placard. »

Elle avait coutume, en effet, de fumer et de boire comme un Cent-Gardes.

Elle rejoint alors ses autres invités.

Les deux amis fument, boivent, bavardent.

— « Au fait ! s'écrie Bouilhet vers onze heures, et L'Immortalité ? »

— « *Zut !* » *répond Flaubert.*

Ils se remettent à siffler du schnaps.

*A minuit moins le quart, Bouilhet sup-
plie Flaubert de penser enfin à* L'Immortalité.

*Flaubert rechigne encore, puis, soudain,
saisissant sur un rayon un Lamartine, il
l'ouvre à n'importe quelle page :*

— « *Ecris !* » *ordonne-t-il tyrannique-
ment.*

Et d'affilée, il dicte deux cents vers des
Harmonies.

Quand c'est fait : ·

— « *Ajoute le titre* · L'Immortalité !...
Parfait ! »

Il remettait les Harmonies *en place,
quand reparut Louise Collet.*

— « *Est-ce fini, mes trésors ?* »

— « *Mais oui, mais oui !* » *dirent-ils
tout frétillants.*

*Elle parcourut les feuillets et ne reconnut
pas Lamartine :*

— « *Vous ne vous êtes pas foulés, dit-
elle. Enfin, ça ira tout de même. Vous êtes
des anges.* »

Et elle les embrassa.

Elle présenta le poème et remporta son prix habituel avec de grandes félicitations.

On imprima les vers de Lamartine sous le nom de Louise Collet. Personne n'y vit que du feu, car personne ne les lut.

Flaubert ne dévoila sa mystification que bien plus tard

Visites académiques
(Fin)

Visites académiques
(Fin)

PASSE pour les prix académiques !
fit M. Haraucourt. Cela ne tire
pas à conséquence. Et j'approuve
les *Immortels* de ne pas lire les élucubra-
tions des concurrents. Mais pour le choix
des Académiciens, c'est une autre paire
de manches. »

L'intervention de la politique surtout le
chiffonnait.

Il y revint pour la déplorer.

FRANCE. — *Vos regrets me surprennent.*
Car enfin ce qui se passe sous la Coupole

n'est point nouveau. Et *les succès des écrivains furent presque toujours politiques.*

HARAUCOURT. — Pourtant vous m'accorderez bien que la grâce ou la force de leur style est pour quelque chose dans leur renommée.

FRANCE. — *Il se pourrait, mon cher ami, que nous eussions gardé là-dessus des idées scolaires.*

Quand de bons vieux pets-de-loup à bésicles nous faisaient traduire au collège quelque tragédie grecque, Œdipe à Colone, par exemple, ils nous disaient :

— « Notez, Messieurs, l'élégance de cet aoriste second. Observez la concision de ce génitif absolu. Admirez la majesté de cet optatif. »

Ils nous rebattaient les oreilles de cent remarques semblables. Et nous finissions par croire que Sophocle avait enthousiasmé ses contemporains par sa perfection grammaticale.

Mais nos barbacoles n'oubliaient qu'un point. C'est qu'en célébrant Œdipe, héros thébain houspillé par ses compatriotes et généreusement recueilli par les Athéniens, Sophocle avait voulu glorifier sa cité aux dépens de Thèbes qui, pendant la guerre du Péloponèse, avait été l'ennemie acharnée d'Athènes.

Grâce à ce renseignement, nous imaginons aussitôt ce que fut, peu de temps après la mort du vieux poète, la première d'Œdipe à Colone : *tous les spectateurs debout, coupant d'acclamations chaque vers, conspuant les Thébains, ponctuant de trépignements éperdus l'éloge de leur ville.* Et nous découvrons alors les raisons profondes, les raisons politiques de ce délire.

Quand nos vénérables pédagogues commentaient les Chevaliers d'Aristophane, ils analysaient curieusement la parabase, distinguaient le comation, les anapestes, le pnigos. Et ils nous enseignaient que cette pièce était le modèle achevé du genre appelé Ancienne Comédie.

Mais vous supposez bien qu'elle offrait d'autres agréments aux matelots du Pirée. Ce qui les passionnait, c'était de voir Aristophane attraper au cul et aux chausses *le camarade Cléon. La représentation était hachée de rires, de cris, de torgnioles : car je soupçonne qu'on s'y cognait dur. Bref, c'était de la politique.*

Il faut en prendre votre parti, mon cher Haraucourt. Le plus souvent, politique et littérature se confondent.

A Rome, le doux Virgile ne fit-il pas de la propagande pour Auguste ?

Et chez nous, l'auteur du Cid *ne devint-il pas, malgré lui, l'adversaire de Richelieu ? Sa frondeuse Emilie n'est-elle pas le portrait flatté de la duchesse de Chevreuse ? Molière ne fut-il pas le champion du jeune roi et de la bourgeoisie laborieuse contre les marquis agités et mécontents ?*

On vante l'ironie de Voltaire, la sensibilité de Diderot, la pénétration de Montesquieu, l'âpreté de Rousseau. Leur style est excellent. Mais auraient-ils obtenu tant de louanges, si leurs œuvres n'avaient été d'inépuisable arsenaux d'arguments politiques ?

Et l'étourdissante prestidigitation de Victor Hugo, sa tintinnabulante joaillerie de rimes, ses hardies oppositions de noir et de blanc ont-elles fait autant pour sa gloire que ses invectives contre Napoléon le Petit ? Allons, mon cher ami, avouez que, dans les réputations littéraires, la littérature compte à peine.

HARAUCOURT. — Eh ! bien, n'est-ce pas absurde ?

FRANCE. — *Hé ! non, ce n'est pas si absurde.*

Croyez-vous donc que ce soit une supériorité, chez ceux qui noircissent du papier, de s'isoler dans un petit coin pour regratter des syllabes, rapetasser des épithètes et fourbir des périodes, sans jamais s'inquiéter de l'humanité qui les entoure ?

C'est plutôt une infirmité, je pense.

Tandis qu'il parlait, nous songions à son rôle dans la fameuse *Affaire* encore récente, à ses *Etudes d'Histoire Contemporaine,* aux harangues fiévreuses que sans cesse il allait prononcer dans les meetings populaires.

— *Il est bon,* continua-t-il, *que l'écrivain tressaille des angoisses communes et se mêle quelquefois aux querelles de la place publique.*

Non que je lui conseille de flagorner un parti et de se fourvoyer dans la cuisine électorale.

Je demande qu'il garde l'indépendance de son âme, qu'il ose toujours dire la vérité et qu'il dénonce même les injustices commises par ses amis d'hier. Je veux qu'il plane. Je souhaite que ses opinions, sévères pour les intérêts égoïstes, soient d'ordinaire traitées de chimériques et n'aient aucune chance d'être adoptées avant plusieurs lustres.

Le courage, loin de nuire à son style, le rendra plus viril et plus fier.

Voilà pourquoi, mon cher Haraucourt, je ne juge pas l'Académie française si coupable de faire de la politique.

— Pardon, Maître, dit l'un de nous, elle a tort d'en faire de mauvaise.

France poussa son bonnet cramoisi sur le coin de son oreille :

— *Me direz-vous,* questionna-t-il, *ce qui distingue exactement la bonne politique de la mauvaise? Au fait, j'y suis..., la bonne est celle de nos amis, la mauvaise, celle des autres.*

Le credo d'un Incrédule

Le credo d'un Incrédule

ANATOLE France était sur le point de publier sa *Jeanne d'Arc*.
Elle lui avait coûté vingt années d'efforts... Chaque page avait été raturée, remaniée, tailladée à coups de ciseaux.

C'est la manière du Maître.

Quand on jette les yeux sur ses manuscrits, on est stupéfait de voir quel labeur est le prix de cette apparente facilité et de cette grâce qui s'abandonne. Grande leçon pour les apprentis.

Il multipliait les corrections, intervertissait les phrases, ménageait de nouvelles transitions, découpait ses feuillets, en faisait un puzzle, mettait au début ce qui était à la fin, en haut ce qui était en bas, et rajustait le tout avec le pinceau à colle.

Certaines parties déjà composées par l'imprimeur avaient été récrites, puis recomposées huit ou dix fois en épreuves.

France supprimait quantité de jolies mignardises. Il aspirait, il atteignait à la simplicité la plus large.

En lisant son premier texte, ses amis lui avaient dit :

— Mais, c'est charmant ! Mais c'est exquis ! N'y touchez plus ! Vous allez tout gâter.

Et d'épreuve en épreuve, ils avaient bien été forcés de reconnaître un progrès continu vers la perfection.

Pourtant, cette *Jeanne d'Arc*, France ne se décidait pas à lui laisser prendre la volée.

Il soupçonnait que cette œuvre rédigée sans parti-pris, avec le seul respect de la vérité, ne contenterait que peu de lecteurs.

Ce jour-là, nous le trouvâmes mélancolique.

Il causait avec Pierre Champion, le savant biographe de Charles d'Orléans et de François Villon.

Il a reporté sur ce jeune érudit la vive amitié qu'il témoignait à son père mort récemment.

Le digne éditeur Honoré Champion, établi quai Malaquais, avait, en effet, connu le père d'Anatole France, le libraire Thibault, qui, tout à côté, quai Voltaire, avait aussi tenu boutique de livres, à l'enseigne : *Aux armes de France.*

Pierre Champion est à la fois souriant et désabusé. Sa voix est caressante et lointaine. Il rêve sans cesse. Il ne vit pas avec ses contemporains, mais avec les ombres d'autrefois. Presque toujours, il est emmitouflé d'un gros cache-nez, par peur sans doute de s'enrhumer dans les humides ténèbres de l'Histoire.

Comme le xvᵉ siècle est son canton et qu'il en a battu tous les chemins, tous les sentiers, toutes les venelles, il aidait Ana-

tole France à relire les épreuves de *Jeanne
d'Arc.*

— Eh ! bien, demanda-t-il, quand
va-t-elle paraître ?

FRANCE. — *Je voudrais que ce fût bientôt.
Mais vous le savez, mon cher ami, des
crises hépatiques m'ont beaucoup retardé ces
temps derniers et je crains d'être arrêté de
nouveau.*

Alors, Jean-Jacques Brousson, le secrétaire du Maître, de s'enquérir sur un ton
d'intérêt filial ;

— Etes-vous encore souffrant ?

FRANCE. — *Souffrant, non, mais inquiet.
Vous n'ignorez pas combien ce mal
entrave le travail ; car vous l'avez subi
vous-même. C'est pourquoi d'ailleurs vous
avez pitié de moi : car on se plaint soi-même
à travers les autres.*

BROUSSON. — Mais non, mon cher
Maître, je ne vous plains pas. Si Dame
Nature qui vous prodigua les trésors de
l'intelligence, martyrise un tantinet votre
corps, ce n'est que justice.

FRANCE. — *Vraiment ?*

BROUSSON. — Moi, si j'avais votre génie, je supporterais allègrement les plus cruelles infirmités.

FRANCE. — *Cet enfant ne sait ce qu'il dit.*

CHAMPION. — Il y a bien quelque sens dans ses propos. Mais pour en revenir à votre *Jeanne d'Arc*, il me tarde d'applaudir à son triomphe.

FRANCE. — *Votre amitié vous abuse. On n'aimera pas mon livre... Non, je vous assure, on ne l'aimera pas. On n'y trouvera point ce qu'on y cherchera. Oh ! je devine bien ce qu'on attend de moi : une narration toute farcie de polissonneries benoîtes. On sera déçu.*

J'aurais dû, par exemple, insister sur la virginité de mon héroïne, sur les épreuves auxquelles on la soumit, sur l'examen des matrones commises à ce soin par les juges.

Mais je ne l'ai pas voulu.

Et pourtant la tentation était forte.

Parmi les pièces du procès de réhabilitation, il y a de savoureuses dépositions sur la chasteté de la Pucelle.

Les capitaines qui furent ses compagnons

d'armes et qui, près d'elle, couchèrent à la paillade dans les camps, attestent le Ciel que nul mauvais désir ne les effleura. Ils s'en étonnent avec candeur. Eux, qui mettaient leur point d'honneur à se montrer toujours galants envers le sexe, s'ébahissent de leur réserve à l'égard de la sainte fille. En sa présence, à ce qu'ils disent, leur aiguillette était nouée. C'est là pour eux le plus surprenant des miracles et le signe manifeste d'une intervention divine.

HYACINTHE LOYSON ([1]). — Il vous paraît donc certain, Maître, qu'elle garda sa pureté ?

FRANCE. — *Vraiment, ça ne fait pas l'ombre d'un doute.*

Les matrones de Poitiers apportèrent en sa faveur une affirmation péremptoire, bien que sur ce chapitre Salomon, dans sa prudence, conseille au sage de ne jamais se prononcer.

Songez, d'ailleurs, que pour les contemporains, cette vertu conservée au milieu

---

(1) *Hyacinthe Loyson, qui vient de mourir, était le fils du célèbre prêtre dissident.*

des pires malandrins était un grand sujet d'émerveillement. La moindre défaillance eût été carillonnée sur l'heure.

Enfin, lorsque Jeanne fut aux mains des Anglais, il lui arriva de tomber malade. Et les médecins qui la soignèrent ne manquèrent assurément pas de vérifier ce qui intéressait tant les juges.

Si le contrôle avait tourné à sa confusion, ses accusateurs auraient pu légitimement, selon les idées de l'époque, la déclarer sorcière et possédée de Satan. La stratégie de Belzébuth était en effet simple et infaillible. Voulait-il dominer une femme, il commençait par lui prendre l'essentiel. Il paraît qu'après ce premier sacrifice, elle ne lui refusait plus rien. Elle devenait son esclave très soumise.

Et dans cette superstition, il y avait bien un fond de vérité. Car les femmes obéissent aveuglément à qui s'empare de leurs sens.

LOYSON. — Mais en somme, mon cher Maître, que pensez-vous de Jeanne?

FRANCE. — Que ce fut une vaillante fille, très dévouée à son roi. Je suis plein d'enthousiasme pour sa bravoure et d'horreur pour l'affreuse barbarie des théologiens qui l'envoyèrent au bûcher.

Dreyfous (¹). — Vous partagez donc tout-à-fait les sentiments de Michelet ?

France. — *Pourquoi non ?*

Dreyfous. — Vous n'êtes pas amoureux de Jeanne au moins ? Michelet *rêvait* d'elle. Il la voyait et l'entendait. Il n'était point surpris de ses visions. Elle lui apparaissait à lui-même.

Tenez : un fait dont je fus témoin.

Un jour, de passage à Rouen, j'aperçus le vieux Michelet assis sur une borne, au pied de la grosse tour où Jeanne avait été captive.

Je m'approchai pour le saluer et je vis soudain que ses paupières étaient gonflées de larmes.

— « Qu'avez-vous donc ? » lui demandai-je fort ému.

— « Elle est là-dedans ! » me *répondit-il* en montrant la tour.

_____

(1) *Dreyfous, mort depuis, était un chartiste réputé.*

Puis soudain, comme s'il s'éveillait :

— « Oh ! pardon, mon ami, je ne sais où j'avais la tête. »

FRANCE. — *J'aime cette anecdote, car le bon Michelet y est tout entier. Pour écrire l'histoire, il procédait volontiers par* hallucinations.

CHAMPION. — Le joli mot !

Loyson remit notre hôte sur la sellette :

— Franchement, demanda-t-il, votre admiration pour Jeanne n'est-elle pas gênée par ses Voix ?

FRANCE. — *Point du tout.*

LOYSON. — Quoi ! ses visions ne vous semblent-elles pas déraisonnables ?

FRANCE. — *Mais, mon ami, nous en avons tous.*

LOYSON (interloqué). — Comment cela ?

FRANCE. — *Voulez-vous des exemples contemporains ? Souvenez-vous de l'affaire Dreyfus. Notre ami Francis de Pressensé invoquait alors continuellement la Justice et la Vérité. Il en parlait comme de créatures vivantes. Je suis sûr qu'il les voyait.*

Et Zola ne proclamait-il pas que la Vérité était en marche? *Lui aussi la contem-
plait comme une personne réelle.*

Elle *lui apparaissait, je pense, sous les
traits d'une belle femme brune, au visage
grave. Peut-être ressemblait-elle à Ma-
dame Segond-Weber. Elle était vêtue d'un
peplum blanc, comme les actrices du Théâtre-
Français, quand elles figurent des déesses
antiques et elle levait très haut un miroir
étincelant.*

*Mais je me trompe : la vérité de Zola
devait être plus naturaliste. Et elle rappelait peut-être la Mouquette montrant... ce
que vous savez.*

*En tout cas, il la voyait comme je vous
vois.*

*Eh ! bien, pourtant, je vous le demande,
mon ami, la Justice et la Vérité existent-
elles ?*

LOYSON. — Non point évidemment en
chair et en os, mais elles existent.

FRANCE. — *Tenez, voilà que vous aussi
vous devenez visionnaire.*

La Justice et la Vérité, mon cher Loyson,

n'existent qu'autant que les hommes les souhaitent. Et ils ne les désirent qu'avec tiédeur.

Mais si Pressensé et Zola se laissèrent guider par des divinités imaginaires, raillerons-nous Jeanne d'Arc à propos de ses Saints, de ses Saintes et de toute sa milice céleste ?

Loyson ouvrait la bouche pour une objection.

Mais France d'ajouter aussitôt :

— Vous me direz qu'elle apercevait dix millions d'anges autour d'elle et que c'est beaucoup. Evidemment c'est plus que Pressensé ni Zola n'en virent jamais. Mais après tout, pourquoi chicaner sur le nombre.

Nous nous mîmes à rire.

France reprit :

— Au XVe siècle, tous les esprits étaient hantés de chimères. Si Jeannette voyait ses voix, comme elle disait naïvement, ses juges, qui la voulaient convaincre de sorcellerie, croyaient dur comme fer aux démons.

Mais, tandis que les rêveries de Jeannette étaient rayonnantes et la poussaient aux

plus nobles entreprises, celles de ses tour-
menteurs étaient ordurières, infâmes et
monstrueuses.

Tranquillisez-vous pourtant, mon cher
Loyson. Si j'excuse, si j'admire les visions
de la pauvre petite pastoure, il ne s'ensuit
pas qu'en écrivant son histoire, j'aie moi-
même ajouté foi aux miracles.

Bien au contraire, je me suis souvenu
sans cesse que le devoir du savant est d'expli-
quer tous les faits par raisons naturelles.

Et je me suis efforcé de mettre en bonne
lumière ce qui rendit logiquement possible
la mission de Jeanne.

C'est d'abord, c'est surtout la crédulité
générale de l'époque. Elle se trouva for-
tifiée chez les Armagnacs, par les pro-
phéties de Merlin et de Bède le Véné-
rable sur une Pucelle qui devait délivrer le
royaume.

Jeanne fut, pour les troupes du Dauphin
et pour les gens des milices, une mascotte
dont la seule présence éveilla leur fana-
tisme, leur fit oublier le danger et leur
donna la victoire.

Par contre, sa réputation de magicienne inspirait une effroyable crainte aux Anglais qui jusqu'alors avaient été si redoutés par le peuple de France, et qu'on appelait communément les Coués, c'est-à-dire les diables à queue. On croyait, en effet, qu'ils avaient une petite queue au derrière.

Tout le pouvoir de Jeanne, qui sans doute fut grand, vint de l'ascendant qu'elle prit, sans le savoir, sur la faiblesse mentale de ses contemporains. Ajoutez l'exemple de l'héroïsme que la très brave fille déployait en toute occasion.

Quand on analyse minutieusement son aventure merveilleuse, elle provoque la même surprise qu'une étoile très brillante vue dans des lunettes astronomiques de plus en plus fortes : quel que soit le grossissement, l'astre n'est toujours qu'un point sans diamètre.

Jeanne, par elle-même, ne fut que peu de chose, mais la légende qui se créa tout de suite autour d'elle fut éclatante et n'a pas cessé de resplendir.

Il faut dire encore que sa mission fut

peut-être plus aisée qu'on ne pense ; car les Anglais étaient fatigués et peu nombreux.

N'oublions pas non plus la profonde habileté de Charles VII et de ses conseillers. Car tout me persuade que Charles VII, s'il ne fut nullement un guerrier, fut du moins un très avisé négociateur, gagnant davantage auprès des bourgeois des villes par la douceur que par la contrainte, comptant plus sur la diplomatie que sur les armes, un de ces bons souverains enfin qui firent la grandeur de l'ancienne France par leur prudence, leur finesse et leur ténacité dans les conseils.

CHAMPION (d'une voix très douce). — N'en doutez pas, mon cher Maître, on vous blâmera d'avoir expliqué humainement cette histoire pieuse et d'en avoir banni les *charismes*, pour me servir du terme théologique.

J'entends d'ici vos adversaires habituels. Ils diront que vos mains de sceptique n'avaient pas le droit de toucher à cette image sainte.

FRANCE (avec une soudaine vivacité).

— *Sceptique ! Sceptique ! En effet, ils m'appelleront encore sceptique. Et pour eux, c'est la pire injure.*

Mais pour moi, c'est la plus belle des louanges.

Sceptique ! Mais tous les maîtres de la pensée française l'ont été. Sceptiques, Rabelais, Montaigne, Molière, Voltaire, Renan... Sceptiques tous les plus hauts esprits de notre race, tous ceux que je vénère en tremblant et dont je ne suis que le très humble écolier.

La voix de France à ce moment avait perdu sa coutumière indolence ; elle était subitement devenue vibrante et ses traits d'ordinaire si malicieux étaient maintenant tendus et frémissants.

Il continua :

— *Le scepticisme ! On fait de ce mot le synonyme de négation et d'impuissance.*

Mais nos grands sceptiques furent parfois les plus affirmatifs et souvent les plus courageux des hommes.

Ils ne nièrent que des négations. Ils s'atta-

quèrent à tout ce qui ligote l'intelligence
et la volonté. Ils luttèrent contre l'ignorance
qui abêtit, contre l'erreur qui opprime, contre
l'intolérance qui tyrannise, contre la cruauté
qui torture, contre la haine qui tue.

On les accuse d'avoir été des incrédules.
Il faudrait savoir d'abord si la crédulité
est une vertu et si la véritable fermeté n'est
pas de mettre en doute ce qu'on n'a nulle
raison de croire.

Mais il ne serait pas malaisé de démontrer que les génies français appelés sceptiques, professèrent le plus magnifique credo.

Chacun d'eux en formula quelque article.

Rabelais, bouffon plein de gravité, pro-
clame la majesté de la tolérance.

Comme lui, le pyrrhonien Montaigne,
se prosterne dévotement devant la sagesse
antique. Oubliant les oscillations de son
Que sais-je ? il fait appel à la pitié contre
la férocité des guerres religieuses et contre
la barbarie des supplices judiciaires. Surtout, il rend hommage à la sainteté de
l'amitié.

Molière prend feu contre les passions et les travers qui rendent les humains odieux et il prêche le bel évangile de la sociabilité.

Dans ses pirouettes les plus folles, l'incrédule Voltaire ne perd jamais de vue son idéal de raison, de science, de bonté... oui, de bonté. Car ce grand satirique ne fut méchant que contre les méchants et les sots.

Enfin Renan resta toujours prêtre et ne fit qu'épurer la religion. Il crut au divin, au savoir, il crut à l'avenir des hommes.

Ainsi, tous nos sceptiques furent pleins de ferveur, tous travaillèrent à délivrer leurs semblables des chaînes qui les accablent. Ils furent des saints à leur manière.

Quelqu'un dit :

— *Saint Renan* : c'est le titre d'un chapitre des *Souvenirs d'enfance et de jeunesse.* Mais nul n'avait encore parlé de saint Voltaire ni de saint Rabelais.

Sans relever le quolibet, France poursuivit :

— *On fait grief à ces géants d'avoir trop présumé de la raison humaine.*

Pour ma part, je n'accorde pas à la raison une confiance excessive. Je sais combien elle est débile et chancelante.

Mais je me rappelle le spirituel apologue de Diderot : Je n'ai, disait-il, pour me guider la nuit dans une épaisse forêt qu'une petite lumière vacillante. Un théologien vient et me la souffle.

Suivons d'abord la raison, c'est le plus sûr. Elle-même nous avertit de sa faiblesse et nous instruit de ses limites.

D'ailleurs, loin d'être incompatible avec le sentiment, elle y conduit au contraire.

Lorsqu'ils ont beaucoup médité, les plus sceptiques des penseurs, devant l'inutilité du flux éternel de l'Univers, devant le peu de chose que sont les tristes hommes et devant les souffrances absurdes qu'ils s'infligent entre eux pendant le rêve si bref de l'existence, sont pris d'une profonde commisération pour leurs semblables.

De cette compassion à l'amour fraternel, il n'y a qu'un pas. Il est vite franchi. La pitié devient agissante, et celui qui se croyait à jamais détaché de tout se jette éperdûment dans le combat pour secourir ses frères malheureux.

Oui, mes amis, ce sont là les sentiments des sceptiques.

Nous avions écouté en silence cette brûlante profession de foi.

Et France s'excusant presque : –

— Je m'emballe, n'est-ce pas ?... Mais c'est que les pauvres sceptiques sont vraiment trop méconnus.

En somme, ce sont les plus idéalistes des mortels. Seulement ce sont des idéalistes déçus.

Comme ils rêvent d'une humanité très belle, ils s'affligent de voir les hommes si différents de ce qu'ils devraient être. Et leur habituelle ironie n'est que l'expression de leur découragement. Ils rient, mais leur gaîté recouvre toujours une affreuse amertume. Ils rient pour ne pas pleurer.

Là-dessus, Pierre Champion goguenardant un peu :

— Si Jeanne d'Arc avait été une sceptique de la bonne école, qui sait ? peut-être eût-elle accompli par amour de l'humanité les magnanimes actions que la foi lui inspira.

— *Non, sans doute,* répondit France en souriant, *car seuls les visionnaires font de très grandes choses.*

Mais, ô malicieux Pierre Champion, notez que le plus irréligieux des hommes, Voltaire, sut être fort brave lui aussi, en poursuivant, contre toutes les puissances ecclésiastiques et judiciaires, la réhabilitation de Calas, de Sirven, du chevalier de la Barre et de Lally-Tollendal.

Notez que s'il commit le péché d'écrire la Pucelle, ce mécréant fut le premier à réclamer des autels pour Jeanne d'Arc (¹).

Notez encore que si les juges de Jeanne d'Arc, au lieu d'être de fanatiques dévôts, avaient été des philosophes sceptiques,

(1) *Anatole France fait allusion à cette phrase de* l'Histoire Universelle :

Enfin, accusée d'avoir repris une fois l'habit d'homme qu'on lui avait laissé exprès pour la tenter, ces juges qui n'étaient pas assurément en droit de la juger, puisqu'elle était prisonnière de guerre, la déclarèrent hérétique, relapse et firent mourir à petit feu celle qui, ayant sauvé son Roi, aurait eu des autels dans les temps héroïques où les hommes en élevaient à leurs libérateurs.

à coup sûr, ils ne l'eussent point brûlée. Concluez, mon cher ami, que le scepticisme suggère les sentiments les plus humains et qu'en tout cas il interdit les crimes. J'ai débité mon credo. Amen !

Le professeur Brown
cherche le secret du génie

Le professeur Brown cherche le secret du génie

EMMITOUFLÉ dans sa douillette beige à rayures brunes, et coiffé de son éternel petit bonnet flamboyant, France était assis à sa table de travail.

Il feuilletait un très vieux livre relié en peau de truie.

La fenêtre ornée de ces culs de bouteille que sertissent des lamelles de plomb et que les gentilshommes verriers appellent *sives*, répandait sur l'écrivain une lumière douce et diaprée.

On eût dit une scène de Rembrandt,

quelque philosophe en méditation dans une soupente, ou mieux, quelque docteur Faust consultant la Kabbale.

Notre hôte s'était levé pour nous accueillir :

— *Vous vous demandez, nous dit-il, quel est ce vénérable bouquin ? C'est la Chronologie collée. J'étais en train d'y chercher un portrait de Rabelais.*

Il tourna quelques feuillets :

— *Tenez, le voici. Il fut gravé par Léonard Gaultier, quelque cinquante ans après la mort du grand satirique. Nous n'en possédons point qui ait été dessiné de son vivant et cette petite image est la plus ancienne qui reproduise ses traits.*

Il y a d'ailleurs des chances qu'elle lui ressemble (¹).

Qu'en pensez-vous ?

(1) *A la vérité, L'Estoile qui acheta la Chronologie collée au moment où elle parut en 1601, écrivit au-dessus de la tête de Rabelais, cette critique : « Qui ne lui retraict nullement ». Il témoignait ainsi contre la ressemblance de cette gravure. — Cf. H. Clouzot, Les Portaits de Rabelais, Gazette des Beaux-Arts, 1911.*

Mais peut-être la légende qui déjà s'était formée

Rémy de Gourmont ([1]), qui était parmi nous, regarda la vignette et dit :

— Quelle mine *rébarbative* ! un vrai *Père Fouettard !* Son front est barré de rides profondes et de bourrelets gros comme des câbles. Et ses yeux caves brillent d'une sombre ardeur.

A coup sûr, l'on imagine plus de jovialité chez le curé de Meudon :

---

autour de maître Alcofribas, avait-elle substitué dans l'esprit de L'Estoile au souvenir du personnage grave qu'il avait connu longtemps auparavant, le type conventionnel d'un génial bouffon.

(1) Rémy de Gourmont aimait à rendre visite à Anatole France.

Ces deux esprits charmants et rares en prenant contact, jetaient des étincelles comme fer et silex et c'était joie divine de les entendre. '

Rémy de Gourmont était le paradoxe fait homme, mais le paradoxe souvent plus sensé que le vulgaire bon sens.

Il était toute sensibilité, mais une lèpre hideuse qui lui rongeait la face, l'isolait dans la torture de sa tendresse inexprimée.

Par dépit, il ironisait souvent et quelquefois même contre l'amour.

Ce matin-là, nous l'avions rencontré dans l'Avenue du Bois de Boulogne, avant son arrivée chez France.

Avec nous, il avait contemplé un moment, dans le gazon, des tourterelles irisées qui se becquetaient Et sou-

Jamais... dit Ronsard,

> *... le soleil ne l'a veu,*
> *Tant fust-il matin, qu'il n'eust beu.*
> *Et jamais, au soir, la nuit noire,*
> *Tant fust tard, ne l'a veu sans boire.*

. . . .

> *Il se couchait tout plat à bas*
> *Sur la jonchée, entre les taces ;*
> *Et parmi les escuelles grasses,*
> *Sans nulle honte se souillant,*
> *Allait dans le vin barbouillant*
> *Comme une grenouille en la fange...*

---

dain :

— « *Les Anciens firent hommage des colombes à Vénus, parce qu'elles sont très voluptueuses. Ils eurent tort cependant, car il y a des créatures plus galantes encore.* »

— « *Lesquelles ?* » demandâmes-nous fort attentif.

— « *Les escargots !* »

Nous eûmes un haut-le-corps de dégoût et d'incrédulité.

— « *Oui, les escargots, reprit-il. Les zoologistes nous enseignent, en effet, que Dame Nature, pleine de générosité pour ces bestioles, les a comblées de bonheur. A chacune, elle a donné à la fois les attributs du mâle et de la femelle. Et dans un couple de limaçons, chaque petit porte-cornes éprouve double plaisir : il est en même temps amoureux et amoureuse.*

« *Il est dommage que ces animaux marchent trop lentement, car ils méritaient mieux que les tourterelles de traîner le char de Cypris.* »

C'est par ces devis drôlatiques qu'il nous avait mené jusqu'à la porte de M. Bergeret.

Mais cette épitaphe bachique doit mentir. Car le *Gargantua* et le *Pantagruel* ne sont point comiques. Et c'est Léonard Gaultier qui a raison.

FRANCE. — *Je le crois comme vous. Rabelais n'est pas le joyeux compagnon qu'on se figure. Ses expressions, ses locutions sont vertes et drues, mais ses inventions sont pensives. Il fait des prêches austères.*

Sa gaîté n'est en somme qu'apparente. Et son rire masque mal sa gravité foncière.

— Son air maussade ne saurait surprendre, dit l'un de nous, puisque c'était un savant.

FRANCE. — *Pardon, Rabelais n'était pas ce que nous appelons un savant ; car il n'ennuie jamais.*

Il n'est pas gai, mais il ne fatigue point.

Il lui arriva de donner une édition des Aphorismes *d'Hippocrate. Eh ! bien, il négligea de conserver les commentaires du manuscrit. Pourquoi ? Sans doute, parce qu'il ne les jugea pas intéressants.*

Or, qu'est-ce qu'un savant? C'est un être assommant qui étudie et publie par principe tout ce qui manque radicalement d'intérêt.

Rabelais n'est donc pas un savant.

Il avait cependant une assez solide érudition, il faut en convenir.

Et pour un homme dont la science fut le moindre mérite, la sienne était déjà coquette.

Certains de ses fanatiques ne lui prêtent-ils pas une compétence universelle?

À propos des opérations de guerre de Gargantua contre Picrochole, par exemple, ils affirment que Rabelais est un grand stratège.

Mais c'est une moquerie.

À ce compte, n'importe quel écrivain serait un tacticien consommé.

Ainsi, je parie écrire, quand on voudra, une brochure de cent cinquante pages sur Paul de Kock, tacticien.

Je prendrai mes textes dans le Cocu. Il y a dans ce roman un vieux brisquard, qui dresse un cacatoès à nasiller : « Portez armes ! *Présentez armes ! Arme sur l'épaule... ouette ! etc...* »

Ma glose s'exercera là-dessus.

« *Voyez ! dirai-je, quel merveilleux guerrier que ce Paul de Kock. Il connaît à fond l'art militaire.* Portez armes ! *est, en effet, le commandement donné au soldat pour lui faire soulever son fusil.* »

Je continuerai :

« *Nous avons collationné, à ce propos, une théorie militaire de* 1830 ; *nous y avons trouvé à la page* 25, *paragraphe* 3, *le commandement :* Portez armes ! *Ce mouvement se décompose ainsi qu'il suit :* Elever l'arme avec la main droite à hauteur de l'épaule, la saisir avec la main gauche, *etc...* »

J'exploiterai ainsi tout le psittacisme de l'oiseau savant.

*Conclusion : en tactique, Paul de Kock aurait pu en remontrer à Napoléon I*er.

Et voilà, le tour serait joué.

A vrai dire, maître Alcofribas ne fut pas plus versé que Paul de Kock dans l'art des batailles.

N'a-t-on pas discerné aussi dans le Gar-

8

gantua *des allusions aux guerres de Fran-*
çois Ier et de Charles-Quint ?

Pure rêverie !

Les procédés de l'imagination chez Ra-
belais ont été reconstitués. Ce n'étaient
point du tout les grands évènements con-
temporains qui l'inspiraient, mais au con-
traire de très menus faits dont sa jeunesse
lui avait laissé le souvenir.

Certains des noms propres qu'il emploie
sont ceux de personnes qu'il avait con-
nues.

Je ne garantis pas cependant que la
réalité lui ait fourni ceux de Humevesne
et de Baisecul. Mais l'épisode même de
ces deux plaideurs lui fut suggéré par une
affaire judiciaire à laquelle il fut mêlé.

Les différends de Grandgousier et de Pi-
crochole reproduisent de même des que-
relles qui avaient mis aux prises des paysans
tourangeaux et dont les échos burlesques
l'avaient diverti.

Sans doute voulut-il nous faire entendre,
qu'au fond, les guerres des plus orgueilleux
souverains rappellent étonnamment des bat-

*teries de rustres. Vérité d'une savoureuse
ironie !*

*Non, mes amis, Rabelais ne fut point un
grand stratège. Il se contenta d'être un
grand écrivain.*

***

Joséphine introduisit M. Brown, *Professor of Philology at the University of
Sydney.*

C'est un homme gras, robuste, le teint
couleur brique, les lèvres et le menton
ras. La vigueur de ses muscles prouve
qu'il cultive assidûment le golf et le
polo. Il porte des lunettes d'or. Ses cheveux carotte couchés en avant sont raides
comme des soies de sanglier.

Son élégance anglo-saxonne nous frappa.

De près, son costume était un magma
de gros fils qui offraient tous les tons de
l'arc-en-ciel : mais à quelque distance, il
affectait la couleur verdâtre et indécise
d'une purée de pois cassés.

À son col mou, échancré sur un cou de

taureau, se nouait une petite cordelette rouge qui affichait des velléités conquérantes.

Des souliers jaunes, longs et larges comme des steamboats, complétaient la mise de cet Australien savant et solide.

FRANCE. — *Que désirez-vous de moi, Monsieur le Professeur ?*

M. Brown s'exprimant en français avec une extrême difficulté et gêné d'ailleurs par la timidité qui l'étreignait devant un homme illustre, bredouilla comme il put :

— Je... vô... Je voulais voir vô.

FRANCE. — *J'en suis trop honoré, Monsieur le Professeur, et le plaisir est mutuel. Prenez donc ce siège et contentez votre désir.*

Quand M. Brown se fut assis, il reprit en égrenant ses mots :

— Je cherchais... je voulais savoir la mystère... le secret de la génie littéraire...

FRANCE. — *Si je vous entends bien, vous préparez une thèse sur le génie en littérature.*

— Yes, hurla le Professeur Brown,

tout rayonnant d'avoir été compris. Yes, yes.

FRANCE. — *Eh ! bien, quand vous êtes entré, notre entretien, par une heureuse rencontre, roulait sur un des plus grands génies de la France et du monde, sur Rabelais.*

— Yes, Rabelais ! Yes !

Les yeux de M. Brown flamboyèrent de joie.

FRANCE. — *Quel est le secret de son génie ? Epineuse question que vous me posez-là ?*

Par quelles qualités surpassa-t-il les autres écrivains ?

— N'a-t-on pas dit qu'il écrivait mal ? objecta quelqu'un.

FRANCE. — *Tous les grands écrivains écrivent mal. C'est bien connu.*

Du moins, ce sont les cuistres qui l'affirment.

Les grands écrivains sont impétueux. La vigueur de leur vocabulaire, l'intensité de leur coloris, la hardiesse de leurs tournures déconcertent les pédants.

Pour les barbacoles, bien écrire, c'est apparemment écrire d'après une règle. Mais les écrivains de race se font leur règle eux-mêmes, ou mieux, ils n'en ont aucune. Ils changent à chaque instant de manière, sous la dictée de l'inspiration, tantôt harmonieux, tantôt heurtés, tantôt indolents, tantôt fougueux.

Ils ne peuvent donc écrire bien selon la commune opinion.

Et pourquoi n'en point convenir? Rabelais n'est pas exempt de defauts. Ses chapelets de substantifs, ses enfilades d'épithètes, ses kyrielles de verbes, témoignent assurément d'une intarissable verve, mais son style en est alourdi. Ses phrases manquent souvent de souplesse, de cadence et d'équilibre.

Il ne serait pas malaisé de trouver chez d'anciens auteurs plus de régularité, de limpidité et de nombre.

Le Ménagier, *par exemple, qui fut composé bien avant le* Gargantua, *recèle d'adorables passages sur le pain, le vin et les abeilles. Sans doute, le vieux langage peut faire illusion* ; *car l'éloignement donne une nuance exquise aux choses du passé, et nous découvrons un charme à ce qui n'en offrait guère aux hommes d'autrefois.*

Pourtant, je ne crois pas me tromper, Le Ménagier *est délicieusement écrit. Ce serait du bon Rabelais, si c'était du Rabelais... c'est-à-dire s'il n'y manquait le génie.*

Et de même, les Contes *du Seigneur des Accords sont pleins d'agrément. Son style est fluide et sonne à ravir. Il est meilleur que celui de Rabelais. Néanmoins c'est Rabelais qui est le grand écrivain et non Le Seigneur des Accords.*

L'un de nous suggéra :

— Molière aussi écrit mal.

FRANCE. — *Eh ! bien, oui, Molière aussi écrit mal. Et Saint-Simon et Balzac, et tous, vous dis-je !*

Au temps de Molière, certains auteurs, bien moins illustres, Saint-Evremond et Furetière, par exemple, usèrent d'une syntaxe plus châtiée. Ils furent plus purs. Seulement Molière est Molière, c'est-à-dire non pas le bon, mais le grand écrivain.

Le professeur Brown cherche le secret du génie
(Suite)

Le professeur Brown cherche le secret du génie
(Suite)

L E Professeur Brown ne perdait pas un mot de l'entretien.

Il écoutait sans doute par ses oreilles, mais aussi par ses yeux écarquillés et surtout par sa bouche ouverte.

Soudain, il se lança courageusement à la nage dans la conversation :

— Je... avais... cru... toujours que les grands écrivains étaient celles... ceux qui travaillaient le plous.

Nous avions suivi son balbutiement avec une courtoise anxiété.

France lui demanda le plus poliment du monde :

— *Vous pensez peut-être, Monsieur le Professeur, au fameux adage de Buffon :* Le Génie est une longue patience.

— Aoh ! fit vivement l'Australien, avec un regard mouillé d'une reconnaissance infinie.

FRANCE. — *Eh ! bien, je soupçonne fort que cette sentence est mensongère.*

Un voile de tristesse se répandit sur les traits de M. Brown ; mais il tendit la bouche plus avidement encore.

FRANCE. — *Oui, cette maxime est fausse. Les génies ne sont pas les plus scrupuleux des mortels. Ou plutôt il n'y a pas de loi rigoureuse.*

Quelques génies, je le reconnais, sont très appliqués.

Notre Flaubert fut de ceux-là (¹). *Il*

---

(1) *Anatole France est aussi de cette espèce. Et il a d'autant plus de mérite à reconnaître chez d'autres les beautés de l'improvisation.*

essayait cent phrases pour en écrire une. Et *Dumas fils* disait de lui très justement :

— « *C'est un ébéniste qui abat toute une forêt pour fabriquer une armoire.* »

Mais d'autres génies sont négligés à l'excès. Et cette espèce est peut-être la moins rare.

Chez Rabelais, pour en revenir à lui, on relève quantité d'inadvertances.

Il ne consacrait à ses ouvrages, nous a-t-il appris lui-même, autre temps que celui qui était établi à prendre sa réfection corporelle, savoir est beuvant et mangeant.

Il n'écrivait pas. Il dictait. Et son imagination trottait la bride sur le cou.

Aussi les proportions de ses géants varient-elles sans cesse. Tantôt ils sont plus grands que les tours Notre-Dame ; tantôt ils ne dépassent guère la taille des hommes.

A la fin de son deuxième livre, il annonce que Panurge se mariera et sera cocu dès le premier mois de ses noces, que Pantagruel trouvera la pierre philosophale et qu'il épousera la fille du prêtre Jean, roi de l'Inde. Mais rien de tout cela n'arrive dans

les livres suivants. Rabelais a complète-
ment oublié son beau programme.

Bref, c'était le plus insouciant des génies.

REMY DE GOURMONT. — Oh ! bien, le
meilleur écrivain espagnol, Cervantès,
était peut-être moins soigneux encore.
Son étourderie se trahit partout.

Le lendemain du jour où Don Quichotte
a quitté son logis, sa gouvernante dit
au curé qu'il est parti depuis six jours.

Sancho pleure la perte de son âne que
le voleur Ginès de Passamont lui a volé
et quelques pages plus loin, il remonte
sur sa bête revenue on ne sait d'où ni
comment.

La femme de Sancho se nomme d'abord
Jeanne, puis Thérèse.

Et voilà qui est plus fort. Le gros
écuyer du Chevalier de la Manche n'ap-
paraît pas aussitôt tel qu'il se montre au
cours du roman ; c'est seulement au bout
de plusieurs chapitres que l'auteur lui
attribue, par exemple, la manie si plaisante de débagouler force proverbes.

En maints endroits du chef-d'œuvre de

Saavedra, éclatent donc les signes d'une besogne hâtive.

FRANCE. — *Que vous disais-je, Monsieur le Professeur ?*

Et pour parler d'un génie de chez vous, ne prendrait-on pas votre Shakespeare, lui aussi, en flagrant délit de distraction ?

Tenez, il dit et répète que les sorcières ont fait à Macbeth trois prophéties.

A la vérité, elles le saluent de trois titres : Thane de Glamis, Thane de Cawdor *et* Roi.

Mais comme Macbeth était déjà Thane de Glamis quand elles surgissent devant lui, il n'y a donc là que deux prédictions et non pas trois, n'en déplaise au grand Will.

Je passe sur le port en Bohême, sur l'heure qui sonne à une horloge dans la Rome antique et sur beaucoup d'autres gentillesses que vous connaissez.

Ignorance ou inattention ?

Vous voyez, en tout cas, avec quelle désinvolture les génies bâclent leurs sublimes ouvrages.

Quoi qu'on en dise, la patience est la

dernière de leurs vertus. Ils ne se donnent point de peine. Ils sont grands comme les belles femmes sont belles : sans effort.

Cette pensée heurte un peu la morale courante, j'en conviens. On voudrait que la gloire fût acquise au prix de quelque labeur. En offrant aux jeunes gens les génies pour modèles, on a coutume de leur dire : Piochez dur ! Bûchez ferme ! Vous serez semblables à eux.

Et, en effet, ce serait plus juste.

Mais quoi ! La nature se moque bien de la justice ! Les médiocres suent sang et eau pour accoucher de niaiseries. Les génies sèment les merveilles en se jouant.

En somme, il est beaucoup plus facile de produire un chef-d'œuvre qu'une rhapsodie.

Car tout est facile... au mortel prédestiné.

M. Brown semblait atterré.

Il s'obstinait toutefois à son enquête.

— Alors, Monsieur French, ne pensez-vous pas que le principal qualité des **grands** écrivains, c'est la beauté du imagination ?

FRANCE. — *La richesse de l'imagination ?*

M. BROWN. — Aoh !

FRANCE. — *Peut-être.*

REMY DE GOURMONT. — Ma foi ! Rien n'est moins certain. Presque tous les au teurs célèbres ont, au contraire, taillé leurs beaux habits dans des pièces de drap que d'autres avaient tissées. Selon le mot de Molière, ils ont pris leur bien où ils le trouvaient. Plus on relit Rabelais, Molière, La Fontaine, pour ne citer que ceux-là, plus on voit se réduire la part de leur invention.

FRANCE. — *Très juste, mon cher ami. Rarement, la matière première leur appartient. Ils l'empruntent et ne font qu'y donner un tour nouveau.*

On a d'ailleurs aujourd'hui la rage de dépiauter les génies. C'est l'exercice à la mode.

On cherche les sources de leurs ouvrages. Leurs détracteurs dénoncent leurs plagiats. Leurs fanatiques en font autant ; mais ils ont grand soin de dire que quand le paon dérobe au geai quelques plumes bleues pour les mêler aux yeux de sa roue, le geai n'a point à se plaindre, car le paon lui fait grand honneur.

Et lorsque les ennemis et les dévots d'un culte se sont pendant quelque vingt ans évertués sur une idole, elle n'est plus que poussière, à ce qu'il semble.

Que reste-t-il de Rabelais après les travaux des rabelaisiens ? et de Cervantès après ceux de ses adorateurs ? et de Molière après ceux des moliéristes ?

Au vrai, je crois qu'ils demeurent ce qu'ils furent toujours, c'est-à-dire de très grands hommes.

Mais la critique moderne, en nous signalant où ils allèrent ramasser chaque petite pierre de leur mosaïque, pourrait finir par nous persuader que leur réputation est usurpée.

Pour Rabelais, par exemple, rien n'est plus à lui. On nous dit : Cette page appartient à Tory, cette autre à Lucien, celle-ci à Thomas Morus, celle-là à Colonna.

Et c'est exact.

Bien mieux, Rabelais semble même moins intelligent que les auteurs dont il s'inspire, oui, moins intelligent.

Comparez l'épisode de l'Ecolier limousin *chez Tory et dans le* Pantagruel.

Je le rappelle en deux mots.

Le bon géant Pantagruel rencontre un jeune bélître qui se vante de faire ses études à Paris et qui parle un français étrangement panaché de latin.

Pour exprimer qu'il a coutume de passer la Seine le matin et le soir :

« Nous transfrétons la Séquane, *dit-il*, au dilucule et au crépuscule. »

Et en veine de confidences gaillardes, il conte que les étudiants parisiens se plaisent à inculquer leurs vérètres ès pudendes de mérétricules amicabilissimes, *etc..., etc...*

Pantagruel l'écoute quelque temps avec stupeur. Puis, soudain, perdant patience, il vous l'empoigne à la gorge, et vous le secoue comme un prunier. Alors l'étudiant, dans sa frayeur, salit vilainement ses chausses et se met à implorer grâce en patois limousin.

Voilà l'histoire.

Eh ! bien, Tory commence par expliquer pourquoi son personnage parle d'abord latin. C'est que ce provincial ignore le français. En fait de langue vivante, il ne possède que le patois de son pays. Et s'il recourt au latin, ce n'est nullement par affectation, mais parce que le latin était l'idiome universel, l'esperanto de l'époque.

Puis soudain, sous l'étreinte du géant, il revient à son langage naturel qui est le limousin.

Rabelais, au contraire, ne donne aucun éclaircissement et chez lui, par conséquent, l'aventure est moins intelligible.

Mais, comme il ne limite pas nos conjectures, nous supposons que si l'écolier parle un jargon pédant où il entre beaucoup moins de français que de latin, c'est pour s'en faire accroire, pour époustoufler Pantagruel.

Et nous rions de grand cœur quand, sous l'empire de la crainte, ce cuistre nous décèle tout à coup par son baragouin provincial la trivialité de son origine.

Il symbolise ainsi merveilleusement la

nullité prétentieuse des faux savants beaux parleurs.

Et le conte moins motivé acquiert par là même une portée bien plus grande.

*Pareillement, comparez l'*Icaroménippe *de Lucien et l'épisode du bûcheron Couillatris dans le prologue du Quart Livre de* Pantagruel.

Vous verrez que Rabelais paraît moins intelligent que Lucien.

*Dans l'*Icaroménippe, *Jupin, ayant ouvert une petite trappe au pied de son trône, se penche pour écouter attentivement les vœux des mortels.*

Plein d'équité, le père des dieux et des hommes met soigneusement en réserve les demandes raisonnables, afin de les exaucer, et il souffle furieusement sur l'essaim des prières injustes pour les détourner de lui.

Le Jupiter de Rabelais, au contraire, ne suit aucune méthode. Comme l'effroyable tohu-bohu des supplications qui montent de l'univers entier, lui rompt la cervelle, il ne sait plus où donner de la tête. Il brouille tout. Et c'est au petit bonheur qu'il comble les humains de bienfaits ou les **accable de** disgrâces.

Eh ! bien, notez, que sous cette forme extravagante, la bouffonnerie touche au sublime.

Chez Lucien, c'était une amplification de rhétorique. Chez notre Rabelais, c'est une profonde satire du Destin aveugle.

Voilà comment les grands hommes ne peuvent se **tromper**. Ils ont beau faire. Ils ont toujours raison, parce que leur invention au lieu d'être froidement calculée **est un** puissant instinct naturel.

Ils créent comme les mères mettent leurs enfants au monde. Toutes les statues qu'ils pétrissent respirent sans qu'ils sachent pourquoi. Même tortues et bancales, elles palpitent. Elles sont nées viables, tandis que les images plus régulièrement modelées **par** d'autres sculpteurs restent mortes.

M. Brown était de plus en plus découragé, parce qu'il n'arrivait pas à saisir pourquoi les génies l'emportaient sur le vulgaire.

Chaque fois qu'il croyait leur découvrir une supériorité, elle s'évanouissait à l'examen.

Avec l'énergie du désespoir, il articula :

— Si les grands écrivains... ils n'imaginent pas eux-mêmes les chaoses,... ils compaosent mieux, peut-être...

FRANCE. — *Ils ont, dites-vous, le mérite de la composition.*

Franchement, Monsieur le Professeur, je crois qu'ici encore vous vous abusez.

Je sais bien que la composition passe d'ordinaire pour la première nécessité de l'art d'écrire.

C'est une des vérités fondamentales que notre sage Université enseigne à ses nourrissons comme dogmes intangibles.

Hors du plan, point de salut ! telle est la doctrine.

On considère l'œuvre littéraire comme une sorte de grand théorème dont les propositions se commandent, s'enchaînent et se hâtent vers le C.Q.F.D.

Mais chez beaucoup de génies, nous n'observons rien de semblable.

Rabelais, Cervantès, Swift, se sont fort peu souciés de composer *leurs romans.*

Il est trop évident que maître Alcofribas ignorait absolument où il allait.

Quand il commença le Pantagruel, *sans doute ne savait-il pas au juste ce qu'il y fourrerait. Les épisodes se succèdent sans ordre et tous sont exquis. Que faut-il de plus? C'est une capricieuse et divine promenade.*

Panurge désire prendre femme, mais il craint fort d'être cornard.

Il interroge là-dessus les sages et les fous. Puis il s'embarque pour consulter l'oracle de la Dive Bouteille. Et nous voilà partis avec lui sur les flots cérulés. Nous zigzaguons de rivage en rivage. Sans cesse, de nouvelles aventures nous sont contées qui n'ont pas le moindre rapport avec le cuisant souci de Panurge.

Où trouver un plan dans tout cela?

Les plus beaux chefs-d'œuvre sont à tiroirs. On y glisse tout ce qu'on veut. Ils s'élargissent, s'enflent, se distendent à mesure qu'ils se font.

Encouragé par le succès d'un premier livre, l'auteur continue...

Ainsi en advint-il du Pantagruel *et aussi du* Don Quichotte, *dont Gourmont parlait à l'instant.*

Comme Rabelais, Cervantès n'obéit qu'à sa fantaisie. Il marche, revient sur ses pas, court, s'arrête, se repose dans la prairie, s'enfonce dans les bois. Il hante tantôt les pâtres, tantôt les seigneurs, tantôt les brigands. Il n'a pas de but.

Il montra tant de laisser-aller dans son Don Quichotte, *que tout autre assurément eût perdu la partie. Mais il la gagna. Il y a de ces privilèges.*

Théoriquement, l'intérêt de son récit devrait aller decrescendo.

Le premier genre de comique exploité par Cervantès est en effet de beaucoup le plus gai, du moins en principe.

Au début de l'ouvrage, c'est la seule folie du héros qui provoque le rire. Il n'est victime que de lui-même. Il est dupe de sa propre imagination démente, qui lui fait prendre des moulins pour des géants et des moutons pour une armée.

Dans la suite, au contraire, il a presque recouvré son bon sens. Et ce n'est plus lui-même qui se forge des malheurs. Ce sont des seigneurs désœuvrés qui lui jouent mille tours pendables. Ils l'affolent par toutes sortes de pyrotechnies. Ils le juchent les yeux bandés sur un cheval de bois qu'ils secouent et ils lui persuadent qu'il voyage dans les airs. Ils lancent dans sa chambre des matous furieux qui lui labourent le visage. Enfin, il n'est pas de méchante farce qu'ils ne machinent contre lui.

On pourrait craindre que la drôlerie de ces mystifications ne fût compromise par la réprobation qu'elles soulèvent.

Point du tout. Ce beau roman attache de plus en plus jusqu'à la dernière page. Cela tient du miracle.

REMY DE GOURMONT. — Mais n'est-ce pas chez les bons auteurs une suprême habileté de suivre indolemment leur caprice qui les guide si bien ?

FRANCE. — *Mon cher ami, tout est charme chez les écrivains que nous aimons. Nous avons pour eux des trésors de complaisance. Et nous les louons de ce que nous blâmons chez les autres.*

Comme nous préjugeons qu'ils sont excellents, ils nous paraissent toujours tels.

Tenez, il m'arriva un jour à moi-même une assez plaisante aventure.

J'avais donné à un journal le manuscrit d'un roman.

Comme j'allais partir en voyage, je l'avais divisé en cahiers dont chacun représentait un feuilleton.

L'on avait distribué ces fascicules dans un casier qui comptait beaucoup de compartiments sur plusieurs rangées.

Le malheur voulut que le compositeur se trompât. Il puisa dans le casier en suivant les compartiments de haut en bas et non de gauche à droite, comme il aurait dû.

Mon roman n'eut plus ni queue ni tête. Mais personne ne s'en aperçut. Et même quelques esprits bien tournés me firent com-

pliment sur les délicieux méandres de mon
imagination.

Je leur sus gré de leur ferveur.

À coup sûr, mon cher Gourmont, vos
raisons d'admirer le désordre de Rabelais et
de Cervantès sont infiniment plus légitimes.

Que nous importe, en effet, de savoir où
ils nous mènent ? Ne sommes-nous pas trop
heureux de nous attarder avec eux aux
mille reposoirs fleuris qui jalonnent leur
route ?

Le décousu même de leur trame imite
l'imprévu de la vie. Ce sont les jours qui
s'ajoutent aux jours.

Et puis, il faut bien le dire, on reconnaît
dans leurs œuvres une unité autrement robuste que celle d'une intrigue adroitement
nouée.

C'est la cohésion de leur esprit.

Les épisodes sont épars ; mais la pensée
qui se joue au travers est toujours droite et
ferme.

C'est un beau rayonnement intérieur qui
illumine, vivifie et harmonise les aventures
les plus changeantes.

Ainsi quelle noblesse dans le Don Qui-chotte *! Quelle fierté ! Que d'amertume souriante ! Que de hautaine poésie ! et que de bonté !*

Pour apprécier mieux encore ces rares mérites, il faut lire l'insipide contrefaçon d'Avellaneda.

Vous savez que cet Espagnol contempo-rain de Cervantès eut le front d'écrire une suite du Don Quichotte *pour spolier l'auteur d'une partie de sa gloire et de son profit.*

Cervantès se cabra. Et il eut raison. Car de son vivant, ce plagiat dut lui porter préjudice.

Mais je souhaiterais fort qu'aujourd'hui la plate élucubration de l'imitateur fût publiée dans la même édition que le chef-d'œuvre ; la caricature servirait de repous-soir au radieux modèle.

Et justement, tandis que Cervantès fait éclater son génie en s'abandonnant à sa verve toute spontanée, l'autre adopte un plan, il se propose un but.

Avellaneda ne manie la plume que pour démontrer l'excellence de la foi.

C'est à quoi tendent toutes ses histoires.

Quelles histoires ! Vous allez en juger. Sancho, par exemple, rencontre une belle Morisque. Et dans le transport de son enthousiasme :

— « Plut au Ciel, s'écrie-t-il, que toutes les puces de mon lit fussent pareilles à cette jeune mahométane ! »

— « Hé ! quoi, Sancho ! grommelle aussitôt Don Quichotte, est-ce toi qui parles si légèrement, toi, le mari de Thérèse !

« Assurément ton épouse est outrageusement laide. Mais elle est bonne chrétienne, Sancho. Et notre sainte Mère l'Eglise t'enjoint de la trouver plus séduisante que les musulmanes les mieux faites. »

Mais ce que recommande surtout Avellaneda, c'est la dévotion au rosaire.

Il ne tarit pas sur les grâces réservées aux dévôts qui égrènent assidûment leur chapelet. Parmi les homélies édifiantes et saugrenues qu'il brode sur ce canevas, il en est une assez connue, parce que notre Nodier en fit une nouvelle. Je ne sais même comment ce conteur réussit à parer de quelque agrément une si pauvre affabulation.

Voici le thème :

Une religieuse, une jeune sœur tourière qu'un élégant seigneur avait remarquée en passant devant la porte entrebaillée d'un couvent, correspondit avec l'enjôleur et résolut de le rejoindre.

Malgré son ardeur coupable, elle n'avait point cessé de témoigner à la Sainte Vierge une brûlante piété. Au moment de fuir le couvent, elle fut poussée par un élan de son cœur vers la chapelle de Marie. Et elle déposa sur les degrés de l'autel ses vêtements religieux qu'elle avait quittés pour en prendre de laïques.

Près de son amant, elle n'éprouva, comme vous pensez, que déceptions, souffrances et tourments. C'était prévu.

Au bout de quelques années, abreuvée d amertume et l'âme ulcérée de remords, elle passe devant son ancien couvent.

Elle y rentre. Elle se dirige vers la chapelle de la Vierge.

O miracle ! Son costume est sur les

marches de l'autel, à l'endroit même où elle l'avait déposé. Elle le revêt de nouveau.

L'instant d'après, elle croise une jeune Sœur qui, sans être le moins du monde étonnée de son retour, lui parle comme si la brebis égarée n'avait jamais abandonné le bercail :

— « Ma Sœur, la Mère Supérieure réclame le trousseau de clés qu'elle vous confia ce matin. »

Et la pécheresse repentie trouve en effet pendues à sa cordelière ces clés qu'on lui demande.

Une lumière subite inonde son esprit.

Pendant toute sa longue et lamentable aventure, la bonne Vierge, touchée de sa ferveur et miséricordieuse à ses faiblesses, a pris sa ressemblance, a porté ses vêtements et a tenu son rôle au couvent.

O grande vertu du Rosaire !

France s'adressant alors à brûle-pourpoint à M. Brown :

— « Tenez ! vous, Monsieur le Professeur, si le Rosaire vous inspirait de la dévotion, mais une dévotion éminente, eh ! bien, la Vierge, à cette heure précise, ferait à votre place votre cours de philologie à l'Université de Sydney. »

M. Brown se mit à rouler derrière ses lunettes d'or des yeux globuleux et effarés.

— Pourtant, mon cher Maître, objecta Jean-Jacques Brousson, le secrétaire de France, il y aurait sans doute quelque difficulté pour la Vierge à suppléer un être d'un autre sexe que le sien.

FRANCE. — *Vous l'entendez mal. Rien ne lui est malaisé. Il suffit que la dévotion soit grande.*

Preuve en est cette autre histoire d'Avellaneda :

Un chevalier très brave vouait au Rosaire une admirable piété.

A l'aube d'un jour de fête, il entra dans une église de la Vierge pour assister à la messe.

Il y prit tant de plaisir qu'il en voulut entendre une seconde, puis une troisième.

Ensuite, il demeura longtemps encore abîmé dans ses prières.

Vers le milieu du jour, le sentiment des

réalités lui revint. Et subitement il se rappela que ce matin-là, il aurait dû se rendre à un tournoi solennel pour se mesurer avec ses pairs.

Il avait lancé force défis. Comment son absence a-t-elle été jugée ? Sans doute l'at-on qualifiée de reculade ! Que va-t-il devenir ! Son honneur est perdu !

Il sort de l'église.

A peine dehors, il est salué d'acclamations éperdues.

Il pense qu'on se moque de lui. Le rouge lui monte au front. Il se débat contre ses admirateurs :

— « Laissez-moi, leur dit-il, laissez-moi. Je ne mérite pas vos railleries ! »

— « Nos railleries ! Mais jamais ovation ne fut plus sincère. »

— « Cessez, vous dis-je ! Je prendrai bientôt ma revanche. »

— « Que parlez-vous de revanche à prendre, vous le vainqueur des vainqueurs ! »

A ce moment, un robuste gaillard dont l'armure est brisée s'avance et lui dit :

— « Permettez que je vous serre la main.

On ne peut tenir rancune à un rival si courageux ! »

Alors, le pieux chevalier n'a plus de doute. Un grand prodige vient de s'accomplir en sa faveur.

Pendant qu'il priait avec tant d'onction, c'est la Vierge, la Vierge elle-même qui a revêtu son apparence, est montée à cheval, a rompu des lances, a culbuté une dizaine de fiers-à-bras, jambes rebidaines sur le sable de la lice, et a récolté pour son fidèle dévôt une magnifique moisson de lauriers.

Sur quoi, France se tournant vers son secrétaire :

— *Fi donc, petit incrédule !*

Puis, au professeur de Sydney :

— *Vous voyez bien, cher M. Brown, que ce serait un jeu pour la Sainte Vierge de vous remplacer..., si, du moins, nous en croyons Avellaneda.*

M. BROWN. — Mais le religion de môa n'autorise pas le dévotion à la Sainte Vierge.

FRANCE. — *Eh ! bien, vraiment, Monsieur le Professeur, c'est grand dommage pour vous.*

Le professeur Brown
cherche le secret du génie
(Fin)

Le professeur Brown cherche le secret du génie
(Fin)

LE professeur Brown n'était point satisfait.

Il regardait le parquet avec une morne tristesse.

— *Monsieur le Professeur, demanda Anatole France, dites-moi, je vous prie, d'où procède le souci peint sur votre visage ?*

M. BROWN. — Aoh ! M. French, j'étais moins avancé maintenant qu'en entrant : car, si j'ai bien compris, les grands écrivains, ils n'avaient aucun mérite, ni le correction de la style, ni le peine pour le bon travail, ni le imaginement, ni le rangement des histoires.

FRANCE. — *Entendons-nous. Ces qualités, quelques-uns les ont. Mais beaucoup d'autres ne les ont pas, et sont pourtant des génies. Ceci prouve qu'elles ne sont point indispensables aux grands écrivains.*

M. BROWN (avec force). — Alors quelles qualités, dites, sont indispensables ?

Sa détresse était comique. Il avait l'air d'un naufragé qui cherche une bouée dans une mer en furie.

FRANCE. — *Cher Monsieur Brown, qu'est-ce qu'une qualité et qu'est-ce qu'un défaut ? C'est ce qu'il s'agirait d'abord de savoir.*

Il resta un moment pensif ; puis s'adressant à nous tous :

— *Mais c'est vrai. Ces termes sont tout relatifs. Ce qui est bon pour un juge, est mauvais pour un autre. Et surtout, ce qui est qualité pour une génération d'hommes, devient defaut pour celles qui suivent.*

Tenez, Brossette fait une remarque bien

curieuse. Il rapporte un jugement de Despréaux sur Malherbe.

« Malherbe, déclarait l'auteur de l'Art Poétique, n'était pas exempt des défauts qu'il reprochait à ses précédesseurs. Ainsi l'on trouve quelquefois chez lui des rimes inattendues. »

Voilà donc quelle était la théorie en cours au grand siècle. Pour être bonne, la rime devait être prévue par le lecteur ou l'auditeur.

Exemple :

Puisque Vénus le veut, de ce sang déplorable
Je péris la dernière et la plus misérable.

Dans ces deux vers de Racine, la rime était excellente pour ses contemporains, parce qu'elle était prévue : déplorable appelait naturellement misérable.

Et cette rime nous semble mauvaise exactement pour la même raison.

Notez bien que chez Racine, certaines rimes nous paraissent excellentes : celle-ci, par exemple :

Ah ! qu'ils s'aiment, Phénix, j'y consens. Qu'elle parte !
Que charmés l'un de l'autre, ils retournent à Sparte !

Mais précisément c'étaient ces rimes-là

que les contemporains jugeaient mauvaises, parce qu'elles étaient inattendues.

Pour nous autres Parnassiens, au contraire, il fallait que la rime fût rare et surprenante.

Et nous nous pâmions d'aise quand le charmant Théodore de Banville en alignait de cocasses comme celle-ci :

> ... des escaliers
> Qu'un Titan, de sa main gigantesque, a liés.

Je vous demande pardon, Monsieur le Professeur. Ces remarques sur la versification française sont trop subtiles sans doute pour vous intéresser.

Mais je vais choisir des exemples plus éclatants pour vous montrer que les qualités d'hier sont souvent les défauts d'aujourd'hui.

Revenons à votre Shakespeare, si vous voulez bien.

— Aoh ! fit M. Brown.

FRANCE. — Juliette dit à Roméo :
« Si mes parents te voient, ils te tueront. »
A quoi Roméo répond :
« Tes yeux sont pour moi plus dangereux que vingt épées. »

Nous appelons cela de la préciosité et, pour nous, c'est un défaut.

Autre exemple :

Dans Hamlet, *Laërtes pleurant la mort de sa sœur Ophélie qui vient de se noyer, s'écrie douloureusement :*

« Ma pauvre sœur, tu n'es déjà que trop mouillée, et je ne devrais pas pleurer sur toi. »

Au lieu de nous émouvoir, cela nous fait rire, n'est-il pas vrai ?

Comme vous le savez, ces concetti abondent chez le grand Will. Nous les blâmons. A notre avis, ce sont des fautes de goût. Ce sont des taches qui ternissent fâcheusement la splendeur de Shakespeare.

Mais, il faut observer que tous les auteurs de la cour d'Elisabeth écrivaient de même. Le phébus sévissait dans la poésie. C'était le triomphe de l'euphuisme. Les rimeurs ne s'exprimaient que par pointes. Amour, haine, espoir, affliction, toutes les passions se mettaient en rébus, en charades.

A propos d'Alexandre le Grand devenu amoureux, Lyly, le plus célèbre contempo-

rain de Shakespeare, *faisait cette remarque qu'il croyait piquante* :

— « Un esprit dont l'orbe entier du monde ne pouvait contenir la grandeur est maintenant emprisonné dans l'étroite orbite d'un œil séduisant. »

Eh ! bien, réfléchissez un peu.

Si le maniérisme était alors le défaut de tout le monde, ce n'en était pas un. Bien au contraire, c'était une qualité.

Plus un poète était entortillé, enchevêtré, alambiqué, plus on l'applaudissait.

Et le principal mérite de Shakespeare pour les Anglais de son temps était précisément ce que nous regardons comme son plus grave défaut.

Tous les auteurs illustres sont logés à la même enseigne.

Ce que leurs contemporains admirèrent chez eux, c'est justement ce qui nous déplaît.

Dante parfois nous fatigue par une sorte d'abracadabra qui lui est très habituel. Il attribue des vertus aux chiffres. Il explique l'influence mystérieuse du nombre 9 et de sa racine 3.

Il développe toute une symbolique abs-
truse où une forêt figure les passions, une
panthère la luxure, un lion l'orgueil, une
louve l'avarice, et Béatrice Portinari la
théologie triomphante.

Ces prétentieuses obscurités nous décon-
certent. Elles nous gâteraient Dante, si
quelque chose pouvait nous le gâter.

Mais quoi ! le scolastique XIIIe *siècle*
raffolait de ces énigmes. Et c'est à l'abus
des devinettes que Dante dut presque toute
sa gloire.

Pareillement, quand Rabelais se bar-
bouille de grec et de latin, quand il entasse
les références et les citations, il nous excède.
Pourtant au XVIe *siècle, c'était surtout*
ce pédantesque appareil qui ravissait le
lecteur. Cette sauce antique semblait alors
aussi nécessaire dans les écrits que les pro-
fils à la romaine dans les monuments de
Philibert de L'Orme, les ruines païennes dans
les vitraux de Jean Cousin et les satyres
dansants dans les émaux de Pénicaud.

Mais je vous vois songeur, mon cher
Gourmont.

REMY DE GOURMONT. — Je pense que si les raisons de goûter les grands auteurs changent ainsi, l'admiration traditionnelle qu'on leur témoigne est en vérité bien mystérieuse.

FRANCE. — *Bien mystérieuse, en effet. Après tout, si l'on continue à les aimer, c'est peut-être seulement parce qu'on en a pris l'habitude.*

Pour le coup, M. Brown scandalisé, sursauta :

— « Aoh ! M. French ! Ne dites pas ! Ne dites pas ! Chez les bons auteurs, je suis sûr, il y a des qualités qui restent toujours qualités, yes, toujours ! toujours ! »

<center> * *</center>

Anatole France dévisagea ironiquement son interlocuteur, puis lentement, sur un ton de concession :

— *Eh ! bien, vous avez peut-être raison, Monsieur le Professeur.*

Et regardant Rémy de Gourmont, il ajouta :

— *Oui, sans doute, n'est-ce pas?
Tout de même !...*

C'est une enfilade de locutions qui lui
est coutumière.

Quand, dans une discussion, il a bien
pesé le pour et le contre, lorsqu'il a
longtemps oscillé et qu'il semble enfin
suspendre son jugement, alors souvent
il se raccroche à quelque probabilité de
bon sens, à quelque vraisemblance ré-
confortante.

— *Oui, sans doute, n'est-ce pas? Tout de
même !...*

Cela signifie que la chose n'est pas
absolument certaine, mais qu'elle pourrait être vraie et qu'en tout cas, il est
bon de la juger telle.

— *Oui, sans doute, n'est-ce pas? Tout de
même !... les grands auteurs possèdent des
qualités éternelles.*

Ici la curiosité de M. Brown redoubla
et sa bouche s'ouvrit plus largement encore.

FRANCE. — *Si les moindres éclaboussures
de leur plume nous enchantent, c'est qu'une*

tête ferme et un cœur sensible guident toujours leur main.

Il est bien indifférent que leur syntaxe
bronche un peu, puisque, par ses écarts
mêmes, elle atteste les élans de l'esprit qui
la brutalise. C'est la syntaxe de la passion.

Il est bien indifférent qu'ils pillent à
droite et à gauche et qu'ils embrouillent
quelquefois l'écheveau de leurs histoires.
Car, ce qui importe chez eux, ce n'est pas
le conte si joliment qu'il soit narré, mais les
sentiments et les idées qu'ils y enveloppent.

Comme les nourrices bercent les marmots,
ils nous dévident, à l'aventure, d'adorables
récits qui viennent de la nuit des temps.

Nous tendons .les lèvres à l'appât. Et
c'est la sagesse qu'ils nous offrent avec le
miel de ces fables.

Ainsi, dans la suite des siècles, les mêmes
anecdotes servent à exprimer l'ondoyante
pensée des mortels les plus claivoyants.

Tous les véritables grands hommes ont
pour première vertu d'être sincères. Ils
extirpent l'hypocrisie de leur cœur ; ils
dévoilent bravement leurs faiblesses, leurs

doutes, leurs tares. Ils se dissèquent. Ils exposent leur âme écorchée pour que tous leurs contemporains se reconnaissent dans cette image et rejettent de leur vie les mensonges qui la corrompent.

Ils sont courageux. Ils bousculent hardiment les préjugés. Nulle puissance civile, morale ou immorale ne leur en impose.

Mais parfois, il est vrai, la franchise est si dangereuse qu'elle leur coûterait la liberté ou même l'existence.

Sous les régimes dont l'étiquette est la plus libérale, comme sous les plus tyranniques, il suffit de proclamer ce qui sera reconnu juste et bon cinquante ou cent ans après, pour encourir la geôle ou l'échafaud.

Comme il vaut mieux parler que de se taire, les sages font souvent les fous pour qu'on ne les baillonne point.

Ils sautent, secouent leur bonnet à trois pointes et agitent leur marotte en criant les extravagances les plus raisonnables.

On les laisse danser parce qu'on les prend pour des bouffons. Il ne faut pas leur en vouloir de ce stratagème.

11

A propos des opinions qui lui étaient chères, Rabelais goguenardait : « Je les soutiendrai jusqu'au feu... exclusivement. »

Avait-il tort ? et s'il était monté sur le bûcher, nous serait-il loisible aujourd'hui de savourer son pantagruélisme ?

Les grands écrivains n'ont pas l'âme basse. Voilà, M. Brown, tout leur secret.

Ils aiment profondément leurs semblables. Ils sont généreux. Ils élargissent leur cœur. Ils compatissent à toutes les souffrances. Ils travaillent à les apaiser. Ils ont pitié des pauvres acteurs qui jouent la tragédie comique ou la comédie tragique de la destinée.

La pitié, voyez-vous, Monsieur le Professeur, c'est le fond même du génie.

— Aoh ! fit M. Brown, dont les yeux maintenant luisaient de joie derrière ses lunettes d'or, laissez-moi vous serrer le main, M. French.

Et il lui infligea un shake-hand à lui déboîter l'épaule.

La belle poupée
et la vraie Femme

La belle poupée
et la vraie Femme

CE matin-là, Joséphine nous dit que son maître recevait dans la bibliothèque.

Nous grimpâmes donc au deuxième étage, c'est-à-dire tout en haut de la maisonnette. Car M. Bergeret a installé sa bibliothèque, sa « librairie » comme eût dit Montaigne, dans les combles de sa demeure.

On pousse une vieille porte capitonnée de cuir, un ancien tambour de sacristie.

On entre. On se croirait dans une chapelle. Des vitraux émaillés d'armoiries anciennes laissent filtrer une mystérieuse lumière.

Cette clarté discrète glisse paresseusement sur un plafond bas, tendu de cuir gaufré et doré. Elle s'accroche aux ciboires, aux calices, aux monstrandes, aux patènes, aux encensoirs dont regorgent maintes vitrines.

Anatole France est un enragé collectionneur d'objets religieux.

Il n'est point de mortel dont les goûts soient plus ecclésiastiques.

Et d'abord, comme un pieux anachorète, il habite sur la lisière d'une forêt. Il est vrai que c'est une jolie petite forêt : le Bois de Boulogne. On y voit plus de faunesses et de diablesses que de bêtes féroces.

Il est vêtu d'une longue robe de chambre cléricale : il est vrai qu'elle est de couleur tendre et d'étoffe moëlleuse.

Il est coiffé d'une éternelle calotte comme les abbés dans les églises : il est vrai qu'elle est d'un *rouge* incendiaire.

Quelquefois aussi il porte un bonnet blanc à dessins *roses* qui *r*essemble à un turban indien. Il a emprunté cette coiffure à la *r*égion bordelaise où il séjourne souvent. Les servantes de là-bas serrent leur tête dans des foulards ainsi roulés qui leur prêtent une grâce orientale.

Mais M. Bergeret préfère de beaucoup sa toque de velours vermillon.

Elle joue un grand *r*ôle dans sa mimique.

*I*nconsciemment, il la pétrit suivant ses pensées.

Quand il est allègre, la toque dessine une pointe provocante. C'est comme une caricature de tiare ou de *corno ducale* vénitien.

Par moments, quand il hausse ironiquement le ton, elle affecte la majesté du *pschent* dont s'enorgueillissaient les pharaons égyptiens.

Quand il écoute un interlocuteur, il la rejette sur sa nuque pour laisser les idées péné*tr*er plus librement sous son front ;

quand il réfléchit, il la ramène presque
sur son nez, pour se recueillir sous cette
visière.

Le profil, au front haut, au nez aquilin,
est très long et la barbiche l'allonge encore. Les lignes en sont plutôt délicates
que vigoureuses. Elles donnent l'impression d'une placidité ample et paterne ;
mais des yeux noirs, terriblement noirs
et prodigieusement vifs, furetant, guet-
tant de tous côtés, démentent la sérénité
du masque.

Ce regard pétillant de malice dans un
visage presque impassible, c'est tout
France. C'est le piquant de son esprit
qui perce sous la belle cadence des phrases
mélodieuses.

L'ensemble de sa personne est une
merveille de tonalité.

La peau ivoirine et mate, les cheveux,
la moustache et la barbiche d'argent, le
velours rouge composent une harmonie
qui inspirerait à n'importe quel coloriste
le désir impérieux d'empoigner sa palette
et ses pinceaux.

Le Maître est grand et maigre. Sa non-chalance naturelle qui augmente sa séduction, le fait paraître très légèrement voûté. Sylvestre Bonnard, membre de l'Institut, avait le *dos bon*, au dire de la princesse Trépof. Anatole France a le dos affable et ironique, comme Voltaire dans la statue de Houdon.

Aux jeunes écrivains et aux vieux amis qui viennent savourer ses propos, il prêche sa philosophie indulgente dans un langage un peu lent et nasillard.

Et jamais orateur sacré ne mit tant d'onction à conseiller la croyance, que France à blâmer la superstition.

Ses boutades sont d'autant plus meurtrières que sa voix est plus indolente. Quand il semble se parler à lui-même, quand il hasarde quelque remarque sur un ton tout à fait inoffensif, en regardant le bout de ses chaussons fourrés à revers violet évêque, c'est alors qu'il est le plus redoutable ; et tout à coup ses yeux noirs dardent comme deux pointes d'épée.

Pour discourir, il aime à s'encadrer

dans une immense cheminée Renaissance où un homme peut se tenir debout.

La hotte de ce foyer est décorée de tableaux italiens : des saints autour d'une Vierge qui dorlote un bambino. On y voit aussi deux petits anges de bois peint qui voltigent et batifolent.

Complétons le décor de la bibliothèque.

Au fait, n'avons-nous pas omis le principal, les livres ?

Ils peuplent une multitude de planches, du parquet jusqu'au plafond.

Ce sont, pour la plupart, de très vieux livres vêtus de cuir couleur couenne de jambon fumé, ou bien sanglés dans de la peau de truie d'un blanc jaunâtre, ou bien encore engaînés dans des parchemins d'antiphonaires que fleurissent des lettrines enluminées et des notes de musique rouges et noires. Cette dernière sorte de reliure fut imaginée par Anatole France, et presque tous ses amis ont copié cette invention charmante.

* * *

Un vétilleux critique était en train d'interviewer le père de *Thaïs*. Il voulait publier dans une revue très grave, une étude très fouillée sur sa formation intellectuelle.

Le Maître se prêtait de bonne grâce à cette curiosité.

On passa au galop sur ses années de collège.

Anatole France fut élevé à Stanislas. Rien à dire à cela, si ce n'est qu'il a retenu dans ses dehors benoîts quelque chose de l'éducation religieuse.

Elle n'est point en somme tout à fait mauvaise, puisqu'elle façonna Voltaire, Diderot, Renan et M. Bergeret.

— *Notez, Monsieur*, dit notre hôte narquois, *notez que je fus retoqué au bachot. C'est un point important. Oui, Monsieur, je piquai un zéro en géographie.*

Voici comment la chose advint.

C'était le père Hase qui m'interrogeait.

Ce brave Allemand, fort savant helléniste, avait été nommé professeur au Collège de France par l'Empire, qui était internationaliste à sa manière.

On le chargeait à l'occasion de pousser des colles aux potaches, et cette corvée l'horripilait.

« Mon cheune ami, dit-il, avec une bonhomie toute germanique, vous m'êtes fort regommandé. »

Et il continua, mais je vous fais grâce de son accent :

— « Voyons... je vais vous poser des questions faciles. La Seine se jette dans la Manche, n'est-ce pas ? »

— « Oui, Monsieur », répondis-je avec un sourire charmant.

— « Bien ! C'est très bien... Et la Loire se jette dans l'Océan Atlantique, n'est-ce pas ? »

— « Oui, Monsieur. »

— « A la bonne heure !... La Gironde se jette aussi dans l'Atlantique, n'est-ce pas ? »

— « Certainement, Monsieur. »

— « *Vous répondez admirablement... Le Rhône se jette dans le lac Michigan, n'est-ce pas ?* »

Plein de confiance, je n'avais pas même prêté l'oreille à la phrase insidieuse :

— « *Oui, Monsieur* », *fis-je en souriant toujours.*

— « *Ah ! Ah ! le Rhône se jette dans le lac Michigan, grommela le père Hase. Mon ami, vous ne savez rien ! Vous êtes un âne ! Vous aurez un zéro pointé.* »

Nous nous mîmes à rire.

Mais cette anecdote ne faisait pas l'affaire du critique. Il désirait des renseignements plus sérieux.

— Je souhaiterais, dit-il, m'informer de vos sources. Dans maint ouvrage, et surtout dans le *Jardin d'Epicure*, vous avez fait preuve de connaissances scientifiques approfondies. Ainsi l'astronomie vous est très familière. Pourriez-vous m'indiquer dans quels traités vous l'avez apprise ?

— *Mais, certainement, ce m'est fort aisé. J'ai consulté un livre de Camille Flammarion qui s'intitule je crois :* L'Astronomie expliquée aux petits enfants. *Non, je me trompe, le titre exact est* : *L'*Astronomie *populaire.*

Notre critique faillit tomber de son haut.

FRANCE. — *Je puise aussi ma plus solide érudition dans le* Dictionnaire Larousse. *Oui, Monsieur, le* Dictionnaire Larousse *est une publication bien utile.*

Le critique n'en revenait pas.

Notre hôte assurément s'amusait de sa stupéfaction et la provoquait à dessein.

— *Cher Monsieur,* dit-il, *l'important n'est peut-être pas mon bagage scientifique qui est léger, mais plutôt le retentissement des découvertes modernes sur une sensibilité qu'a formée un long commerce avec les auteurs gentils, subtils et humains de notre pays.*

Il montra les vieux livres qui surchargeaient les rayons de sa bibliothèque :

— *Mes sources, les voici. Vous ne trouverez là que de grands ou de charmants écrivains qui parlèrent un bon français, c'est-à-dire qui pensèrent bien. Car l'un ne va pas sans l'autre.*

J'ai tâché de dire le mieux possible, à propos de ce que je voyais et de ce que j'apprenais dans mon temps, ce que ces jolis esprits d'autrefois auraient dit s'ils avaient vu et appris les mêmes choses.

Joséphine lui présenta une carte de visite. Il chaussa ses grosses besicles de corne : car il en a d'énormes, comme on en voit à certains portraits peints par le Greco ou par Velasquez :

— *De la part de mon ami B***? Faites entrer.*

Un tout jeune homme blond, rose et imberbe fit son apparition.

— *Que voulez-vous de moi?* demanda France.

LE JEUNE HOMME (se brossant le ventre avec un haut de forme à seize reflets).

Bé... bé... ba... ba... M. France... Maître... vous... C'est... je...

FRANCE (très paternel). — *Allons, as-seyez-vous, mon ami.*

LE JEUNE HOMME (cramoisi). — Je suis venu pour... C'est ma petite cousine qui collectionne les autographes... Alors... vous... je... elle...

FRANCE. — *Elle vous a envoyé m'en demander un.*

LE JEUNE HOMME (radieux). — Voui ! Voui ! Maître. Je serais si heureux de faire plaisir à ma cousine.

FRANCE (touché). — *C'est un louable dessein, mon enfant. Mais où diable est passée ma plume ?*

LE JEUNE HOMME. — Oh ! Maître ! Je ne veux pas vous déranger à présent.

FRANCE. — *Je vous enverrai donc ce que vous désirez. J'ai votre adresse... Qu'est-ce que votre charmante cousine préfère, les vers ou la prose ?*

LE JEUNE HOMME (au septième ciel). — Les vers !...

FRANCE. — *Eh ! bien, c'est entendu, je vous enverrai des vers.*

Là-dessus, ce jouvenceau tout rose tira sa révérence.

— Autographe trois et quatre fois béni, dit quelqu'un, puisqu'il doit concilier à cet aimable adolescent les faveurs de mademoiselle sa cousine.

FRANCE. — *En me demandant des vers, il m'a flatté, car je ne suis pas poète.*

On se récria. On cita les *Poèmes dorés* et les *Noces Corinthiennes.*

— *J'ai écrit des vers,* dit-il. *Pourtant je ne suis pas poète. Je ne pense pas en vers, mais en prose et je convertis ma prose en vers.*

Les vrais poètes pensent directement en vers. C'est le signe.

J'en ai connu un qui parfois même parlait en vers : Antony Deschamps. Il n'était pas méprisable et, à mon sens, il méritait plus de gloire.

Son souvenir me hante, parce que je le vis dans un décor saisissant.

Il avait été fou. Après sa guérison, il n'avait plus voulu quitter l'asile, parce qu'il était devenu amoureux de la femme du directeur.

Nous allions l'entendre réciter ses poésies dans la cour de l'hospice.

A chaque hémistiche, quelque fou le venait dévisager sous le nez, ricanait, puis s'esquivait. D'autres s'accroupissaient devant lui, tiraient la langue, marchaient à quatre pattes, tourbillonnaient autour de nous. Il les écartait doucement de la main et continuait à déclamer.

On eût dit Torquato Tasso chez les déments ou Dante chez les damnés.

Cette vision fantastique me poursuit encore.

Victor Hugo parlait aussi quelquefois en vers.

Et soudain notre hôte de dire le plus innocemment du monde :

— *La poésie, qu'est-ce que c'est, en somme ? Un amusement de marmots... C'est le jeu du corbillon, tout simplement :*

— « Dans mon corbillon que met-on ? »

— « Un melon, des oignons, des citrons, des cornichons. »

Il se reprit :

— *J'ai tort de railler.*

Non, la rime n'est pas une amusette. Dans notre langue, où la différence des longues et des brèves est si peu sensible, c'est le seul moyen naturel de marquer fortement la cadence.

Le retour des mêmes sons divise les phrases en tranches d'un nombre déterminé de syllabes et fait ainsi mieux sentir le rythme.

La rime n'est d'ailleurs pas une difficulté pour les vrais poètes. Comme ils pensent en images, ils disposent d'un vocabulaire bien plus étendu que les prosateurs et peuvent y puiser facilement toutes leurs rimes.

Qu'est-ce qu'une image? C'est une comparaison. Or l'on peut comparer tout à tout : la lune à un fromage et un cœur meurtri à un pot fêlé. Les images fournissent donc une provision presque illimitée de mots et de rimes.

Bien mieux, la rime appelle l'attention sur l'image comme par le tintement d'une clochette.

Ajoutez que chaque poète a ses images,

ses épithètes diaprées et par conséquent une immense réserve de rimes qui est la propriété de son génie.

Corneille rime par les mots héroïques : front, affront, outrage, rage,...

Racine rime par les adjectifs tendres et douloureux : déplorable, misérable...

La rime de La Fontaine est narquoise. Celle de Molière, gaillarde, etc...

C'est qu'en effet tout grand poète découvre sa terre nouvelle. L'un, c'est le pays de l'héroïsme, l'autre, de la passion brûlante, celui-ci de la goguenardise, celui-là de la généreuse gaîté.

Et les rimes imagées sont comme les fleurs de ces bords mystérieux. Elles abondent sous les pas de l'explorateur. Il n'a qu'à se baisser pour choisir celles dont les couleurs se marient.

Le bouquet des rimes, c'est le parfum, c'est la parure des rivages où chaque rêveur aborda. C'est la nuance de son imagination.

Et, à vrai dire, chez d'excellents poètes, imagination et sensibilité suppléent à tout, même à l'intelligence.

***

— D'après Leconte de Lisle, dit l'un de nous, Victor Hugo était bête comme l'Himalaya.

FRANCE. — *Oui, sans doute. Il était bête, d'accord ! Mais c'était le plus vibrant des hommes et bon gré, mal gré, nous tressaillons encore de son frémissement.*

On nous a accusés, nous autres Parnassiens, d'avoir voulu le déboulonner. C'est faux. Nous le tenions en grand respect.

Nous songeâmes même à lui pour patronner notre petit groupe.

C'était au temps où nous fondions le Parnasse. Nous nous étions maintes fois réunis, Coppée, Leconte de Lisle, Catulle Mendès et moi à la librairie Lemerre et le premier numéro de notre revue allait paraître.

Nous cherchions ce qui pourrait attirer sur notre nouveau-né l'attention de l'univers.

L'un de nous, je ne sais plus lequel, conseilla de demander à Victor Hugo, alors en exil à Guernesey, une lettre-préface.

Cette idée fut accueillie d'enthousiasme. Et nous écrivîmes aussitôt à l'illustre proscrit.

Quelques jours après, nous parvint une épître extraordinaire :

Jeunes gens, je suis le passé : vous êtes l'avenir. Je ne suis qu'une feuille : vous êtes la forêt. Je ne suis qu'une chandelle : vous êtes les rayons du soleil. Je ne suis que le bœuf : vous êtes les rois mages. Je ne suis qu'un ruisselet : vous êtes l'Océan. Je ne suis qu'une taupinée : vous êtes les Alpes. Je ne suis... etc..., etc...

Ça continuait ainsi pendant quatre grandes pages et c'était signé Victor Hugo.

Nous lûmes ensemble cette affolante missive. Dès la deuxième ligne, nous éclatâmes de rire ; à la quatrième, nous nous tenions les côtes, à la dixième, nous tombions en convulsions.

Catulle Mendès s'écria que nous étions victimes d'une mystification odieuse. Cette funambulesque réponse ne pouvait être du grand homme. Des mouchards de la police impériale avaient sans doute intercepté notre requête et avaient voulu nous jouer un tour. Mais nous ne serions pas dupes.

Nous nous concertâmes sur ce qu'il fallait faire. Le résultat de cette conférence fut que nous correspondîmes avec Juliette Drouet, qui vivait alors à Guernesey, près de son dieu. Nous lui confiâmes notre mésaventure et notre impatience d'obtenir une lettre qui fût vraiment de Victor Hugo.

Six jours après, nous reçûmes la réponse de Juliette Drouet. La pauvre femme était navrée. La première lettre était bien de Victor Hugo : sa fidèle amie nous en donnait l'assurance. Elle s'étonnait même de notre doute, car, enfin, disait-elle, son génie crevait les yeux dans ces quatre pages.

Pourtant, nous ne publiâmes pas l'épître du sublime poète. Nous pensâmes pieusement qu'elle le déshonorerait. Que nous étions naïfs ! Rien ne déshonore les dieux.

Anatole France poursuivit :

Mettons qu'il ne fût pas intelligent. Sa sensibilité a coloré celle de tous ses contemporains.

Ce qui est surtout à lui, ce sont les impressions intimes qu'on n'avait jamais analysées si profondément : celle des amants, celles d'un père sur la tombe de sa fille, celles d'une mère au berceau de son enfant...

> Sa pauvre mère, hélas ! de son sort ignorante,
> Avoir mis tant d'amour sur ce frêle roseau,
> Et si longtemps veillé son enfance souffrante,
> Et passé tant de nuits à l'endormir pleurante,
>   Toute petite en son berceau !

C'est là ce qui lui appartient. Et en insistant sur le prix que chacun de nous attache aux secrets de son cœur, il a modifié notre âme. Il a contribué à renouveler notre vie sentimentale.

Oh ! je sais que beaucoup d'autres ont moissonné le même champ ; mais c'est lui qui a lié les gerbes. Il fut le vigoureux botteleur.

Quand on vibre avec tant d'intensité, on n'a pas besoin d'être intelligent. On exerce plus d'influence que les raisonneurs les plus habiles.

Et même, les raisonneurs ne font peut-être que mettre en syllogismes bien balancés les élans des prophètes qui passent pour dénués d'intelligence.

— Je suis bien aise, dit le critique, de vous entendre louer la formidable originalité de Victor Hugo.

FRANCE. — *Original, il le fut en effet... Pourtant prenez garde !... Il ne faudrait rien exagérer.*

Et soudain, après avoir célébré avec tant de verve la personnalité du colosse, M. Bergeret, par le va-et-vient habituel de sa dialectique changeante, se mit à relever ce que l'auteur de la *Légende des Siècles* dut à la tradition.

— *A vrai dire, ce que les meilleurs poètes, ce que les plus grands écrivains rapportent de leur voyage à travers la fantaisie, est peu de chose en comparaison des trésors accumulés avant eux.*

Victor Hugo passe pour un merveilleux novateur. Mais réfléchissez. Il a emprunté à d'autres les quatre-vingt-dix-neuf centièmes de son génie.

Si personnelle qu'on la juge, sa métrique est traditionnelle. C'est l'alexandrin. Liberté

de coupe et d'enjambement, je veux bien :
alexandrin tout de même.

Et sa langue l'a-t-il inventée ?...

Creusons davantage. L'alphabet dont il
se sert...

ESCHOLIER (¹). — Ah ! Ah ! si vous
parlez de la langue et de l'alphabet.!...

FRANCE. — Mais quoi ! Il en faut bien
parler.

Que seraient nos pensées sans les mots ?
Que seraient les mots sans les lettres qui
nous permettent de les figurer facilement ?

Nous ne songeons pas assez, mes chers
amis, aux mortels de génie qui imaginèrent
de représenter les sons par des signes. Ce
sont eux pourtant qui rendirent possible
la vertigineuse gymnastique cérébrale des
Occidentaux.

Et ceux qui peu à peu forgèrent les langues ? Ne nous ont-ils pas fourni le tissu
même de nos raisonnements ?

(1) Raymond Escholier, qui, par cette interruption,
défendait l'originalité de Victor Hugo, est devenu, depuis,
le prêtre officiel du demi-dieu. Il est conservateur du Musée
de la Place des Vosges

Les constructions grammaticales commandent les habitudes de l'esprit. Ainsi nous ne pouvons nous soustraire à l'empreinte de ceux qui, avant nous, ont parlé le français, l'ont modelé, l'ont illustré. Avec leurs mots, leur syntaxe, leurs rythmes, nous avons hérité de leur pensée et nous ne l'enrichissons qu'à peine.

J'avais tort de dire que Victor Hugo devait à d'autres les quatre-vingt-dix-neuf centièmes de son génie. Ce sont les neuf cent quatre-vingt-dix-neuf millièmes qu'il faudrait dire.

*
* *

A ce moment, le capitaine X*** fit son entrée.

C'est un israélite, maigre, visage en lame de couteau, nez arqué, des yeux caves et fiévreux, teint boucané et comme brûlé : un physique de mangeur de sauterelles.

Prosélyte d'humanitarisme, il est le dépositaire moderne de cette flamme qui anima très noblement les anciens nabis contre les intitutions régnantes. Comme eux, il marche sans cesse vers une Terre Promise où rien ne rappellerait le passé maudit.

Ayant serré la main d'Anatole France :

— Vous connaissez, lui dit-il, plusieurs de mes marottes : entre autres le pacifisme et la négrophilie. J'en ai une nouvelle : c'est l'espéranto.

Oui, je suis de ceux qui travaillent à établir entre tous les hommes une langue commune et à réconcilier les ouvriers de la tour de Babel.

Là-dessus, le capitaine amorça un petit speech de propagande .

— Pour les commerçants, l'espéranto est le meilleur moyen de communication. Après huit jours de pratique, les espérantistes sont en état de correspondre.

FRANCE. — *Messieurs les Commerçants feront donc sagement d'apprendre cette langue.*

LE CAPITAINE. — Mais, c'est qu'elle a de plus hautes visées.

Nous avons traduit un choix de chefs-d'œuvre de tous les pays. Votre *Crain-quebille* est du nombre. Et je viens solliciter votre autorisation pour publier en espéranto un autre de vos ouvrages.

FRANCE. — *Je ne voudrais pas rebuter un ami, mais je préférerais qu'il ne m'adressât pas une telle prière.*

LE CAPITAINE. — Que reprochez-vous donc à l'espéranto, mon cher Maître ?

FRANCE. — *Mon Dieu, rien. J'approuve beaucoup, au contraire, votre zèle à faciliter les relations de commerce. Je serais charmé qu'il fût possible à tous les mortels de se comprendre sans qu'il leur en coûtât de longues études. Et je suis certain qu'un langage universel dissiperait entre eux de cruels malentendus.*

Mais quoi ! Votre espéranto, qui, sans doute, rendrait de si grands services pratiques, est-il en mesure d'interpréter les plus fugitives apparences de la pensée ?

LE CAPITAINE. — Je vous assure que...

FRANCE. — *Hé ! non, car il n'est point né de la souffrance ou de la joie. Il n'a point*

été gémi ou chanté par des âmes humaines.
C'est un mécanisme construit par un savant.
Ce n'est pas la vie.

Voyons, mon cher Capitaine, je suppose
qu'on vous fasse présent d'une admirable
poupée. Ses yeux très grands et très doux
seront ombragés de longs cils divinement
recourbés. Sa bouche sera délicieusement
rose et imitera la pulpe des cerises. Ses cheveux seront des rayons de soleil filés. Elle
vous rira. Elle vous parlera. Elle vous ap-
pellera : « Mon chéri ! »

L'aimerez-vous ?

Supposons que, dans une île déserte, vous
vous trouviez longtemps en tête-à-tête avec
elle, et que tout à coup apparaisse une vraie
femme, même assez laide, mais, enfin, une
vraie femme, est-ce à la poupée que vous
adresserez vos madrigaux ?

Votre espéranto, c'est la poupée.

La langue française, c'est une vraie femme.

Et cette femme est si belle, si fière, si
modeste, si hardie, si touchante, si voluptueuse, si chaste, si noble, si familière, si
folle, si sage, qu'on l'aime de toute son

âme, et qu'on n'est jamais tenté de lui être infidèle.

Nos rires partirent en fusée. Et le capitaine parut un tantinet marri.

Brousson lui dit malicieusement :

— Pygmalion donna la vie à sa statue. Peut-être votre passion opèrera-t-elle même prodige en faveur de votre poupée ?

— Jeune homme, fit le capitaine avec quelque humeur, vous êtes pétillant, sans doute, mais ne pourriez-vous mettre un peu d'eau dans votre champagne ?

— Et vous, mon Capitaine, dit Brousson, un peu de champagne dans votre eau ?

Anatole France rompit les chiens :

— *Mon cher Capitaine, je vous propose une épreuve.*

LE CAPITAINE. — Toutes celles que vous voudrez !

FRANCE. — *Voici deux vers de Racine. Je choisis les plus harmonieux, je vous ne avertis. C'est une céleste musique :*

Ariane, ma sœur, de quelle amour blessée,
Vous mourûtes aux bords où vous fûtes laissée !

Voyons, traduisez-nous ça en espéranto !

Crânement, comme s'il eût dégaîné pour charger à la tête de sa compagnie, le capitaine prononça d'une voix forte quelques mots dans l'idiome qu'il prônait avec tant d'ardeur.

— *Allons ! Allons !* lui dit France très doucement en lui tapant sur le bras. *La cause est entendue, mon cher ami* (¹).

Encore une fois, comment l'œuvre d'un grammairien, si docte fût-il,, pourrait-elle rivaliser avec une langue vivante où des millions et des millions d'hommes apportèrent leurs soupirs et leurs cris, où l'on perçoit en même temps le grand han du peuple et le pépiement des jolies linottes qui gazouillent dans les salons ; où bruissent tous les métiers, où grondent toutes les émeutes, où râlent tous les désespoirs, où murmurent tous les rêves.

(1) *M. Anatole France s'est d'ailleurs départi de sa rigueur. Philosophiquement, il a fini par permettre qu'on traduisît en espéranto, outre* Crainquebille, *plusieurs de ses admirables nouvelles.*

Qu'ils sont beaux les mots auréolés par le souvenir de leur long usage !

Celui-ci a sonné clair dans un vers de Corneille. Celui-là s'est alangui dans un hémistiche de Racine, cet autre s'est parfumé de thym et de serpolet dans une fable de La Fontaine. Tous chatoient des nuances infinies qu'ils prirent au long des siècles.

Songez donc, mon cher ami ! Les mots rire *et* pleurer *n'ont pas le même sens en français que dans les autres langues, parce que nul homme ailleurs n'a ri comme Molière, comme Regnard ou comme Beaumarchais ; nulle femme n'a pleuré comme telle grande amoureuse française : Mlle de Lespinasse, par exemple.*

Eh ! bien, je veux que mes idées s'appuient sur ces mots où palpitent les sentiments de tous nos morts.

LE CAPITAINE. — Mais alors, vous condamnez toutes les traductions.

FRANCE. — *Non point. Oubliez-vous l'apologue de la poupée ? Les autres langues vivantes sont de vraies femmes. Et je ne répugne pas trop à leur confier mes pensées.*

13

Pourtant, j'aime mieux ma mie, ô gué !
J'aime mieux ma mie. Je préfère ma chère
langue française.

Heureux, trop heureux, si l'ayant reçue
très limpide, très lumineuse, très bienfai-
sante et très humaine, j'ai pu y faire mi-
roiter quelques reflets nouveaux !

M. Bergeret collabore
avec la grande Sarah

M. Bergeret collabore avec la grande Sarah

M. Bergeret aime et n'aime pas le théâtre.

Il l'aime parce que le tripot comique sollicite sa curiosité.

Les acteurs le divertissent par leur cervelle et leur vanité de paons.

Les actrices le séduisent par leur grâce, leurs façons de princesses, leur superbe nullité ou leur finesse maligne, et par la cour de greluchons, de fats, de traitants, de pantins politiques qui papillonnent autour d'elles.

Il n'aime pas le théâtre,... parce qu'il ne l'aime pas.

C'est un art qui semble un peu gros à ce subtil logicien, à ce pâtre de nuées légères et diaprées.

Il a fort peu écrit pour la scène.

Quand il composa les *Noces Corinthiennes*, il ne songeait certes pas qu'elles seraient interprétées un jour.

Elles le furent cependant. D'abord à l'Odéon, avant la guerre, puis dans la maison de Molière, en 1918. Et l'on se souvient peut-être que, la nuit de la première à la Comédie-Française, des gothas vinrent pondre sur Paris leurs œufs de terreur. Le vacarme des sirènes, des bombes et des canons accompagna héroïquement les vers harmonieux. Cet anachronisme dans un sujet antique, loin de nuire au succès, l'accrut tout au contraire. Le vénérable M. Silvain annonça que la soirée continuait. Et les spectateurs ravis de leur propre courage applaudirent à tout rompre les acteurs et l'auteur, qui, par dérogation à son mépris de ces vaines solennités, assistait à la représentation.

On cite aussi d'Anatole France une saynète intitulée : *La Farce de celui qui épousa une femme muette.*

C'est la reconstitution d'un joli fableau dont il est parlé au tiers livre de *Pantagruel.*

Il la publia dans l'*Illustration* ; mais il ne voulut pas qu'on la jouât, si ce n'est dans une réunion de rabelaisiens.

Par affection pour Lucien Guitry, il tira pourtant de *Crainquebille*, une exquise petite pièce où triompha le grand artiste.

Au reste, d'industrieux adaptateurs affichèrent souvent sur les colonnes de spectacles le nom glorieux d'Anatole France.

Au Vaudeville, *Le Lys Rouge* fleurit longtemps à la lueur des chandelles.

Au Théâtre Antoine, on représenta le *Crime de Sylvestre Bonnard.* Gémier y fut excellent, à sa coutume.

C'est encore Gémier qui mettra prochainement en scène les *Dieux ont soif.* Dans le hurlement du *Ça ira* et de la *Carmagnole*, tourbillonneront de flamboyantes estampes révolutionnaires.

Parfois, des musiciens ont accordé leurs crin-crins avec la fantaisie de M. Bergeret.

Massenet offrit dévotement ses croches et ses arpèges à la courtisane *Thaïs*.

Et dernièrement dans l'opéra-comique de la *Reine Pédauque*, le bon abbé Jérôme Coignard nous fit la surprise de lancer vers les herses d'agréables trilles et de savantes *roulades*.

Quand on lui parle du livret de *Thaïs*, M. Bergeret sourit malicieusement :

— *Gallet*, dit-il, *me confia qu'il ne pourrait conserver à mon héros le nom de Paphnuce, parce qu'il lui était difficile de le faire rimer avec des mots nobles. Il trouvait bien* puce *et* prépuce. *Mais cela ne le contentait point.*

Il choisit donc un autre nom, celui d'Athanaël. Athanaël rime avec ciel, autel, irréel, miel, *qui sont de beaux vocables reçus dans le monde.*

« *Va pour Athanaël !* » *lui dis-je.*

M. Bergeret ajoute *mezza voce* :

— *Entre nous, je préfère Paphnuce !*

*
* *

Un matin, à la Villa Saïd, il y avait parmi nous une des princesses de la rampe, Mme M...

Et naturellement, l'art dramatique vint sur le tapis.

Un jeune poète dit qu'il achevait une pièce.

FRANCE. — *Je vous félicite, mon ami, de travailler pour les comédiens.*

Comme ils bafouillent lamentablement, — sauf quelques exceptions, telles que notre chère M..., qui dit les vers aussi divinement que les Muses elles-mêmes, — comme on n'entend rien de ce qu'ils récitent, vous voilà libre de déployer votre génie.

LE JEUNE POÈTE. — Je ne discerne pas très bien, Maître, quel avantage je retirerai de leur bredouillement.

FRANCE. — *Quel avantage ? Ingrat !... Songez donc que vous n'aurez pas à craindre de choquer le public qui n'attrapera pas un traître mot de votre texte. Vous ne*

serez astreint à nulle concession. *Vous pour-
rez tout dire. Il vous sera loisible d'exprimer dans le langage le plus original les
idées les plus neuves et les plus hardies.
N'est-ce pas le comble de la félicité pour
un écrivain ?*

Le jeune poète fit la grimace.

France reprit :

— *Au théâtre, il faut en convenir, toute
nuance est perdue. Il n'y a que le ronflant
qui ait quelque chance de parvenir aux
oreilles du public.*

*Corneille le savait bien. Ses répliques
lapidaires sont des modèles de style scénique.
Mais je ne le loue pas tant d'avoir trouvé
ses mots sublimes qui soulèvent le brouhaha
que de les avoir employés avec quelque
ménagement.*

*Car enfin, dans cette sorte d'exercice,
le plus difficile est de s'arrêter.*

— Que vouliez-vous qu'il fît contre trois ?

— Qu'il mourût !

*C'est très beau, et cela pourrait continuer
indéfiniment.*

Valère objecterait :

Mais ç'était votre fils.

A quoi le vieil Horace répondrait en hurlant :

Mon fils, il ne l'est plus !

Imaginez un long cliquetis de ripostes ainsi heurtées et c'est le délire dans la salle.
' La méthode est aisée et il faut avouer que le grand Corneille y mit vraiment de la discrétion.

France poursuivit :

— La langue du théâtre n'est point du tout celle des livres.

Est-elle plus mauvaise ? Je n'en sais rien. Tenez ! L'on dit souvent que Molière écrit mal. C'est qu'il écrit non pour être lu, mais pour être entendu, c'est-à-dire, pour triompher de l'inattention des spectateurs, de leur lassitude et de la mauvaise élocution des acteurs médiocres.

Il répète souvent trois et quatre fois la même chose, pour être sûr qu'on l'a compris.

Sur six ou huit vers, il n'y en a parfois que deux qui comptent. Les autres ne sont qu'un ronron qui permet à l'auditeur de reposer son esprit pour retomber au bout d'un instant sur des paroles essentielles.

Ecoutons parler Alceste :

Non, non, il n'est point d'âme un peu bien située,
Qui veuille d'une estime ainsi prostituée.

Le sens est complet et il est assez riche pour donner à réfléchir.

Voici la suite :

Et la plus glorieuse a des régals peu chers
Dès qu'on voit qu'on nous mêle avec tout l'univers.

C'est du pur charabia,... mais c'est du théâtre.

Mme M... — Que vous êtes dur pour notre pauvre théâtre !

FRANCE. — *Mais non ! Laissez-moi donc m'expliquer.*

Il est certain que ces deux derniers vers sont détestables. Que signifient : les régals peu chers de la plus glorieuse estime ?

Que signifie : Dès qu'on voit qu'on nous mêle avec tout l'univers ?

Ces cascades de que *sont effroyables. Le sens qu'on discerne vaguement est exactement le même que celui des deux vers précédents. L'on se demande alors pourquoi cette redondance.*

Eh ! bien, elle est utile justement parce qu'elle est inutile ; c'est-à-dire, parce que ces mots vides qu'on n'entend pas laissent aux spectateurs le temps de méditer sur les deux très beaux vers qui précèdent.

Dans cet admirable distique, d'ailleurs, un puriste pourrait relever une faiblesse, la locution *un peu bien.*

Mais, qu'importe ! Cette locution non plus ne s'entend pas. Les mots qui portent sont ceux qui, placés à la césure ou à la fin des vers, sont projetés par le rythme : âme, bien située, estime, prostituée.

Ces notes résonnent si clairement qu'on est contraint de les entendre et elles satisfont la pensée.

Par l'instinct du génie, Molière a toujours ainsi forgé ses meilleurs vers. La cadence y donne du ballant aux termes principaux qui sont à la césure ou à la rime. Par exemple, Dorine dit à Tartuffe :

> Et je vous verrais *nu,* du haut *jusques en bas,*
> Que toute votre *peau* ne me *tenterait pas.*

Remarquez l'élan imprimé aux mots nu, jusques en bas, peau *et* tenterait pas.

Par contre, dans les interstices, Molière a souvent fourré des mots faibles uniquement pour que la mesure y fût.

Je préfère sa prose qui n'est pas moins substantielle et qui ne l'oblige pas à ce remplissage.

Mais j'ai peut-être tort, parce que dans une salle de spectacle, le rythme poétique obtenu même au prix de quelques défauts lance les mots avec plus de vigueur.

Quelqu'un s'émerveilla que France, dans les citations, fût servi par une mémoire infaillible.

— *C'est, fit le Maître goguenard, que je fus un fort mauvais élève. Les pensums que j'ai grossoyés m'ont gravé beaucoup de vers dans la tête.*

Un moment après :

— *C'est incontestable, Molière nous force à l'entendre, et il nous force à rire, car c'est sottise de dire qu'il est triste.*

Ce sont les romantiques qui lui ont prêté leur spleen. Ils en ont fait un beau ténébreux, un Manfred, un Lara, un Obermann. Ils l'ont dénaturé.

*Il voulait être comique et vraiment il
l'est.*

*Même son Alceste est gai ; mais oui, il
est gai. Il est supérieurement plaisant ;
seulement, nous le comprenons mal aujour-
d'hui.*

*Mon ami, l'éditeur Pelletan, me demanda
un jour une preface au* Misanthrope.

Je la lui promis.

*Il me rappela plus d'une fois mon en-
gagement.*

*— « Ma préface ! » suppliait-il, quand
j'allais lui rendre visite dans sa boutique.*

*Excédé, il m'arriva de lui répondre que
décidément je ne l'écrirais pas.*

*Je le vis alors si désespéré, que je le crus
près du suicide et me rattrapant :*

*— « Je n'écrirai pas de préface, mais un
dialogue. »*

C'est que je venais de lire le mot dialogue
*à sa vitrine sur la couverture d'une tra-
duction de Lucien.*

*Il sauta de joie. Son toupet en flamme
de punch toucha le plafond, ses yeux étince-
lèrent :*

— « *Un dialogue, fameux ! Trois couleurs pour le titre. Les personnages en gros
œil, le texte en italiques. Un chef-d'œuvre,
ce sera un chef-d'œuvre !* »

*Il voulait dire un chef-d'œuvre de typo-
graphie ; car il est persuadé que c'est la
typographie qui fait tout le talent des écrivains.*

*J'imaginai donc la conversation d'Alceste
et d'un critique.*

— « *Vous êtes triste, Alceste* », *dit le
commentateur.*

— « *Mais non, répond-il, je suis bouffon.* »

*Et il explique qu'il n'a pas plus de vingt-
trois à vingt-cinq ans. Il est amoureux. Il
veut prendre femme. Or, au XVII*e *siècle,
c'était au plus tard à vingt-cinq ans que
les nobles se mariaient. Au delà de cette
limite, on s'écartait de l'usage admis.*

*A quarante ans, on était barbon et c'était
braver le ridicule que de vouloir allumer
à cet âge le flambeau de l'hyménée.*

*Arnolphe a quarante ans ; on le juge dé-
raisonnable de prétendre épouser Agnès.*

Chez Molière, un vieillard de quarante ans est destiné à porter des cornes. C'est réglé comme des petits pâtés.

Alceste est donc un blanc-bec et la drôlerie, c'est que ce freluquet qui devrait être tout à l'insouciance de sa jeunesse, se mêle de débiter à un chacun des sentences morales.

C'est le contraste de sa perruque blonde et de son air morose qui est le fond même de la comédie.

D'ailleurs, s'il grogne, notez-le bien, c'est seulement quand il est personnellement blessé, quand il entend le sonnet qu'Oronte destine à Célimène, quand il va perdre un procès, quand des rivaux, devant lui, font la cour à sa belle.

La misanthropie n'est qu'une manière d'égoïsme ; telle est la moralité profonde et cocasse de la pièce.

Mais les acteurs modernes faussent le personnage en lui attribuant quarante ou cinquante ans.

Au lieu du damoiseau bougon qui est comique, ils nous servent un vieil ours mal léché qui ne fait point rire.

Voilà comment une erreur de détail rend tout le chef-d'œuvre inintelligible et prête à Molière un air d'Héraclite.

On a coutume aussi de peindre le cocuage de Molière sous de noires couleurs qui déteignent sur son œuvre. Il est le cocu tragique.

Mais pourquoi son cocuage serait-il triste, quand toutes les disgrâces matrimoniales qu'il mit en scène excitent la gaieté ?

Parfois, sans doute, il a célébré le désir sensuel avec une âpreté presque douloureuse.

Rappelez-vous la déclaration d'amour de Tartufe. Quel tremblement mystérieux !

> Et je n'ai pu vous voir, parfaite créature,
> Sans admirer en vous l'auteur de la Nature.

C'est déjà du Baudelaire.

Mais Baudelaire est torturé, tandis que Molière persifle la torture de Tartufe.

Après ce petit tour dans le jardin de Molière, on revint aux comédiens.

FRANCE. — *Ils sacrifient tout à leur rage de paraître et leur art n'est le plus souvent que poudre aux yeux.*

Mme M... — Hum ! Hum !

FRANCE. — *Pardon, chère amie ; mais il n'est point question de vous qui êtes un astre sans tache.*

... Pourvu que le comédien ait le fromage sur l'affiche et le rond du projecteur sur la scène, il se moque de la pièce ! Et sans doute a-t-il raison. Car c'est lui que le public vient applaudir et non l'auteur.

Aussi quelle suffisance ! Sardou prenait justement par là ses interprêtes. Le rusé compère ! Je le vis opérer à des répétitions de travail.

Pour mortifier les vedettes, et les tenir en main, il feignait parfois d'oublier leur nom.

Au plus fameux acteur, il lui arrivait de dire :

— « Vous, chose, comment vous appelez-vous déjà ?... Enfin, vous qui jouez Napoléon,... vous êtes exécrable ! »

Et à un méchant cabot de vingt-cinquième ordre, qui tenait un rôle de fifre ou de tambour :

— « Bien ! Très bien, M. Evariste Dupont ! Je suis enchanté ! »

Cet éloge nominal à une mazette piquait au vif les seigneurs de la scène et les rendait souples comme des gants.

On parla des privautés que les étoiles prennent avec leur texte.

FRANCE. — *Qu'importe encore une fois, puisqu'on ne les entend pas. Il leur suffit d'avoir l'air de dire quelque chose.*

Ne m'a-t-on pas affirmé qu'une illustre tragédienne entrelardait parfois son rôle d'observations aux machinistes.

De sa voix d'or, elle psalmodie :

Dieux, que ne suis-je assise à l'ombre des forêts !

Et soudain avec le même timbre du plus pur métal :

Trois lampes sont éteintes à la deuxième frise.
L'électricien sera mis à l'amende.

Puis, sans nulle interruption :

Quand pourrai-je, au travers d'une noble poussière,
Suivre de l'œil un char fuyant dans la carrière |

Le public ne s'aperçoit de rien et l'électricien rallume ses ampoules.

L'anecdote nous fit pouffer.

FRANCE. — *Un jour, m'a-t-on dit, les figurants suivirent l'exemple qui venait de si haut et se mirent, eux aussi, à parler en scène.*

C'était à une représentation de l'Aiglon.

Au bal éblouissant donné dans le palais impérial de Vienne, des camelots des Halles chamarrés de passementeries, de macarons, de verroterie et de dorures, avaient personnifié des marquis, des archiducs et des princes.

Malheureusement comme l'usage des cours leur manquait un peu, l'illusion n'avait pas été complète.

Aussi la grande tragédienne à l'entr'acte ne se fit-elle pas faute de les admonester vertement :

— « Vous avez défilé comme des cochons, leur cria-t-elle, comme des cochons, comme des cochons ! »

Le tableau suivant est le champ de bataille de Wagram.

Nos camelots qui avaient dépouillé leurs beaux habits de gala, incarnaient maintenant les morts et les mourants dont la plaine était jonchée. Il leur était enjoint de pousser des plaintes dont le concert funèbre devait monter jusqu'aux nues.

A peine le rideau levé, les voilà donc qui modulent leurs gémissements.

C'est d'abord une rumeur confuse. Mais bientôt des sonorités se précisent : ...ons, ...é, ...omme, ...ons...

Puis les agonisants finissent par rythmer lamentablement une phrase qu'ils prononcent et répètent avec un ensemble parfait :

« Nous avons... figuré... comme des cochons... comme des cochons... comme des cochons... »

La tragédienne qui, de la coulisse tendait l'oreille, craignit qu'une phrase si fortement scandée ne passât la rampe :

— « Rideau ! Rideau ! » ordonna-t-elle péremptoirement.

Là-dessus, on célébra le génie de Mme Sarah Bernhardt.

FRANCE. — *Elle fut souvent sublime. Sans trahir Racine, elle fut une Phèdre toute nouvelle. Chez les grands auteurs, chaque génération admire des beautés jusqu'alors inconnues. Sarah fut notre Phèdre.*

Savez-vous que je collaborai jadis avec elle.

Hé oui ! Il y a de cela longtemps, elle m'invita à venir chez elle causer d'un scénario qu'elle avait imaginé.

Dans le studio où elle me reçut, Maurice Bernhardt, encore enfant, folâtrait avec un grand chien danois.

La divine tragédienne parlait. Maurice, qui voyait luire l'œil du chien, étendait sa menotte pour saisir cet objet brillant. Naturellement, la brave bête trouvait ce jeu dépourvu d'agrément. Elle se détournait, et, sans intention méchante, d'un léger coup de reins, elle envoyait rouler Maurice sur le tapis. Maurice criait. Sa mère s'interrompait pour le relever et le consoler.

Après quoi, pour être sûre d'être comprise, elle recommençait le récit.

Maurice cherchait de nouveau à attraper la prunelle du chien. Le danois jetait encore Maurice par terre. Mme Sarah Bernhardt essuyait derechef les pleurs de sa progéniture et reprenait son exposé.

Maurice tomba quatre fois et sa mère narra autant de fois le début du scénario.

Peu de jours après, elle devait partir pour l'Amérique.

— « Adieu notre belle collaboration, » lui dis-je.

— « Point du tout, répondit-elle : nous continuerons notre pièce par correspondance. »

— « Par lettres ? » demandai-je.

— « Par télégrammes. »

— « Mais vous passez l'Océan. »

— « Les télégrammes deviendront des câblogrammes, voilà tout ! »

— « Mais, fis-je encore, vous voyagerez en Amérique. On m'a assuré que vous aviez dessein de pousser jusqu'au Far-West. »

— « Vous êtes bien renseigné. Cela ne nous empêchera pas de poursuivre notre collaboration. A travers les solitudes du Far-West, je vous dépêcherai des Peaux-

Rouges, qui, montant à cru des chevaux indomptés, porteront ventre à terre jusqu'à la cité la plus proche le texte de mes câblogrammes...»

— « Mais...,» hasardai-je.

— « Vous vous embarrassez d'un rien, » s'écria-t-elle en riant.

Je pris congé d'elle.

Malgré sa bonne volonté et la mienne, notre correspondance ne s'établit pas aussi aisément qu'elle l'avait dit. Notre collaboration cessa.

J'en eus grand regret. Je soupçonne ces damnés Peaux-Rouges d'avoir égaré les missives de Mme Sarah Bernhardt.

— Maître, dit Mme M..., vous êtes charmant. Mais votre ironie va certainement dégoûter du théâtre ce jeune auteur qui vous a confié ses espoirs

FRANCE. — Ce n'est point mon intention. Et même, pour lui prouver ma sympathie, je vais lui donner un précieux conseil.

Mon jeune ami, si vous voulez vous faire jouer, cherchez pour votre principal rôle une très mauvaise actrice.

LE JEUNE AUTEUR. — Ah ! par exemple...

FRANCE. — *Mais oui. Toute la difficulté pour un auteur, c'est de trouver une très mauvaise actrice en renom.*

Comprenez-moi. Pour suppléer au talent, il faut qu'elle soit très belle. Si elle est très belle, le ciel lui envoie des protecteurs magnifiques. Si elle a des protecteurs magnifiques, elle peut jouer toutes les pièces dont elle s'entiche. Cherchez donc une très mauvaise actrice.

Ce disant, M. Bergeret taquinait un livre qu'il venait de recevoir.

C'était la *Pisanelle* de Gabriele d'Annunzio.

Ses yeux tombèrent sur la dédicace qu'il lut tout haut :

A Anatole France, à qui tous les visages de la Vérité et de l'Erreur sourient pareillement.   GABRIELE D'ANNUNZIO.

C'est un coup de patte, fit-il, *mais très joliment lancé, ma foi !*

Puisqu'il m'égratigne, voici, pour ma vengeance, une anecdote qui me fut contée hier.

Au moment où l'on répétait la Pisanelle, *au Châtelet, un reporter vint interviewer l'auteur qui se prêta de bonne grâce à l'interrogatoire.*

Par hasard, le journaliste remarqua à un doigt du poète un camée antique :

— «Quelle admirable pierre !» s'écria-t-il.

— «Elle vous plaît ? fit Gabriele d'Annunzio. Elle est à vous. »

Et retirant aussitôt cette bague de sa phalange, il la passa lui-même royalement au doigt du visiteur qui cherchait en vain à refuser un si généreux présent.

Notre reporter comptait garder ce rare bijou en souvenir du grand écrivain.

Mais il lui tardait d'en connaître la valeur.

Il entra chez le beau premier lapidaire et lui montra la pierre gravée.

Le joaillier ne prit même pas la peine de s'armer de sa loupe :

— «Ça, dit-il dédaigneusement, c'est un morceau de verre. Ça vaut bien quatre sous. »

D'où je conclus que Gabriele d'Annunzio est un excellent auteur dramatique.

Mme M... — Maître, c'est entendu.
Le Théâtre est le royaume des apparences
trompeuses et souvent grossières. Tout
n'y est que déception pour les esprits
délicats.

Mais la vie est-elle si différente du
théâtre ?

Mon métier me mit en présence des
personnages les plus huppés de la terre.
Il faut que je vous raconte mes entrevues
avec eux.

A Berlin, après une soirée où j'avais
joué devant le Kaiser, je lui fus présentée.

Vous savez qu'il s'y connaît en stratégie, en peinture, en politique, en architecture, en diplomatie, en musique, en
théologie, en danse, en couture, en cuisine.

Il s'y connaît aussi en littérature française.

— « Ach ! fit-il, j'aime beaucoup la
France. (Il l'aime, sans doute, comme le
loup aime le mouton). Ach ! je raffole
surtout de votre littérature. Je raffole !
Je raffole ! Vous jouissez en ce moment

d'un grand génie. Je lis beaucoup ses œuvres. Je raffole ! Je raffole ! Nous n'avons pas l'équivalent en Allemagne.»

— « De qui donc Votre Majesté veut-elle parler ? »

— « De Georges Ohnet. Ach ! Georges Ohnet ! On n'a jamais rien écrit de plus colossal que le *Maître de Forges*. »

Vous voyez que le Kaiser s'y connaît en littérature française.

En somme, ce monarque, qui fait trembler le monde en retroussant sa moustache, n'est qu'un parfait imbécile.

Mᵐᵉ M... continua :

— Au Théâtre Impérial de Pétersbourg, je fus conduite à la loge du Tsar.

Il désirait, paraît-il, me féliciter.

Au moment où l'on m'introduisait devant lui, il se trouvait, je ne sais pour quelle cause, pris d'une indigestion. On lui tendait un bassin de métal. Il me reçut néanmoins, tourna vers moi des yeux blancs, et la Nature qui n'est pas plus clémente pour les potentats que pour les mendiants, fit exécuter à cette triste ma-

rionnette une pantomime fort peu ragoû-
tante.

Je sortis sans attendre ses compliments,
je vous prie de le croire.

Voilà sous quel aspect m'apparurent,
au faîte de leur grandeur, les plus puis-
sants souverains du monde ([1]). Chameau
et bâtons flottants :

De loin, c'est quelque chose et de près, ce n'est rien.

Eh ! bien, dites-moi, après cela, si le
théâtre est plus trompeur que la réalité.

M. Bergeret prit en souriant la main de
Mme M... et il y posa ses lèvres.

— *Merci de la leçon, chère amie. J'ai eu
tort de médire du théâtre. Il est beaucoup
moins mensonger que je ne le prétends, et il
ressemble assurément à la vie, puisque la vie
ressemble tellement au théâtre.*

---

(1) *Au moment où Mme M... parlait de ces deux
fantoches couronnés, elle les prenait pour des personnages
de comédie. Elle ne se doutait pas que bientôt ils appartien-
draient au drame. Mais comédie ou drame, n'est-ce pas
toujours du théâtre ?*

Anatole France chez Rodin

ou

le déjeuner de Meudon

Anatole France chez Rodin
ou
le déjeuner de Meudon

ANATOLE France alla visiter un jour Auguste Rodin à Meudon. Mme de N... l'y conduisit.

C'est une noble Polonaise, entre deux âges, petite, souriante, boulotte et qui zézaye avec volubilité un français fort assaisonné d'accent.

Elle adore les génies. Elle les aime platoniquement, mais passionnément. Elle se fait leur très humble servante. Elle avait donné son âme à la fois à Rodin et à M. Bergeret.

On la voyait à toutes les réunions de la Villa Saïd. Elle apportait des roses à notre hôte, et, s'inclinant, s'agenouillant presque devant lui, posait sur ses mains aristocratiques quantité de petits baisers goulus.

Elle en faisait autant à Rodin, quand elle l'allait voir rue de l'Université, rue de Varenne ou à Meudon.

Cette idolâtrie envers les grands hommes est plus fréquente qu'on ne pense et ils ont parfois beaucoup de peine à s'en préserver. Ils sont assiégés de billets doux.

Certaines femmes font ouvertement des avances à la gloire, de même que les hommes offrent leurs hommages à la beauté.

Accompagné de Mme de N..., France vint donc à l'atelier rustique du célèbre sculpteur.

Quand M. Bergeret se promène, il se coiffe d'un feutre gris, peu élevé, qui, par ses larges bords, ressemble à une galette. Son pardessus flotte un peu sur sa maigreur. Grand, bonhomme et légèrement voûté, on croirait un aimable bourgeois qui se rend à sa maison des champs.

Il ne porte jamais sa décoration.

Il est, on le sait peut-être, officier de la Légion d'Honneur. C'est peu pour sa réputation ; mais lui-même prit soin en maintes occasions de dire qu'il se moquait des dignités.

Il cessa d'arborer la rosette au moment de l'affaire Dreyfus, en manière de protestation, quand on raya de l'Ordre Emile Zola.

Parfois, entre amis, il lui arrive de discourir sur le goût de ses compatriotes pour les emblêmes honorifiques.

— *D'où leur vient cette manie ?* demande-t-il. *Oui je sais, un homme décoré peut porter des chapeaux mous sans encourir le dédain mortifiant des concierges. C'est bien quelque chose. Il n'a plus besoin de veiller aussi strictement à la correction de sa mise, et l'on ne remarque plus les taches de son veston. Bref, le ruban sert de benzine.*

Cet insigne peut encore être utile en cas de flagrant délit d'outrage aux mœurs.

Comment un mouchard mettrait-il le grappin sur un monsieur dont la boutonnière est fleurie de rouge ?

Mais, n'est-ce pas ? cette hypothèse est toute gratuite. Car enfin jamais un homme décoré ne manque à l'honneur.

Alors, je ne vois pas pourquoi les Français convoitent la croix avec tant d'âpreté.

Sont-ils plus vaniteux que les autres mortels ?

Non, je ne le crois pas. L'homme est partout le même ; seulement, les témoignages de sa vanité diffèrent d'une nation à l'autre.

L'orgueil des Italiens s'attache aux titres ronflants : cavaliere, commendatore.

Celui des Allemands, aux peaux d'âne : herr Doktor, herr Professor.

Celui des Yankees, au chiffre de la fortune : Un tel vaut tant et un tel vaut le double.

En somme, notre appétit de rubans, de macarons, de plaques et de crachats est peut-être le plus inoffensif et le moins importun.

Rodin se jugeait, à coup sûr, très flatté de recevoir M. Bergeret.

Pourtant ces deux augures ne professaient pas l'un pour l'autre une admiration sans réserve.

Anatole France dans ses conversations avec ses intimes a coutume de s'exprimer librement sur l'inspiration de l'illustre artiste.

— *C'est un génie. Je suis persuadé que c est un génie.*

*J'ai vu de lui les plus frémissants morceaux de nu. Mais ce n'est point un de ces grands décorateurs comme la France en connut, surtout au XVII*e *et au XVIII*e *siècle.*

Il me semble ignorer la science des ensembles.

Et surtout, avouons-le, il collabore trop avec la catastrophe.

M. Bergeret explique ce qu'il entend par ces mots quelque peu sibyllins :

— *Il abuse du droit de casser ce qui, dans une œuvre, est mal venu.*

Le bon président Fallières, qui visitait un jour officiellement le Salon, s'arrêta devant une statue qui n'avait ni tête, ni bras, ni jambes et dit simplement :

— « M. Rodin est assurément un grand homme ; mais ses déménageurs sont bien maladroits. »

Là-dessus, M. Bergeret ouvre le coffret des anecdotes :

— *Savez-vous*, demande-t-il, *comment fut imaginé ce Victor Hugo à demi couché qui figure en marbre au jardin du Palais-Royal?*

Voici l'histoire :

Rodin venait d'achever en glaise une statue imposante du poète. Victor Hugo se dressait debout à la pointe d'un rocher. Toutes sortes de Muses et d'Océanides virevoltaient au-dessous de lui.

Un matin, le sculpteur conduisit à son atelier une caravane de journalistes qui désiraient contempler l'œuvre nouvelle.

Par malheur, il avait laissé la veille un vasistas ouvert. Et comme un terrible orage avait éclaté pendant la nuit, une trombe d'eau avait réduit l'immense groupe en une bouillie informe. Le rocher s'était effondré sur les divinités dansantes. Quant à Victor Hugo, il s'était affalé dans un océan de boue.

Rodin poussa la porte, fit passer devant lui ses hôtes ; et soudain, il aperçut le désastre. Peu s'en fallut qu'il ne s'arrachât la barbe de désespoir.

Mais déjà montait un concert d'éloges :

— « Inouï ! — Prodigieux ! — Formidable ! — Ce lac de fange d'où émerge Victor Hugo, quel symbole ! — Maître, c'est un coup de génie ! — Vous avez voulu représenter l'ignominie d'une époque où seule l'inspiration du barde sublime surnageait noble et pure. Que c'est beau ! »

— « Vous trouvez ? » demanda timidement Rodin.

— « Comment donc ! C'est le chef-d'œuvre des chefs-d'œuvre. Oh ! surtout, Maître, n'y touchez plus ! »

Ce récit est piquant, sans doute... *Si non e vero...*

— Dans ses dessins, continue M. Bergeret, *Rodin ne représente guère que des femmes qui montrent leur... Et son audace monotone est quelque peu lassante.*

L'autre jour, dans une maison amie où je le rencontrai, il me confia qu'il exécutait, avec ravissement, une série d'aquarelles d'après un amour de petit modèle.

— « *Cette jeune femme, me dit-il, c'est tout à fait Psyché... Mais au fait, vous qui êtes savant, ne pourriez-vous m'apprendre ce qu'était Psyché ?* »

Comme je cherche toujours à faire plaisir aux gens, je m'efforçai de lui donner la réponse qu'il attendait.

— « *Psyché, lui dis-je, c'était une petite femme qui montrait volontiers son...* »

— « *Ma foi, s'écria Rodin, c'est bien comme ça que je la vois. Et vous me rendez très heureux.* »

Mais je ne puis lui reprocher son érotisme, ajoute M. Bergeret, *car je sais bien que la sensualité entre pour les trois-quarts dans le génie des grands artistes.*

Je lui passe moins volontiers son habitude trop désinvolte de s'approprier le travail d'autrui.

On me contait dernièrement qu'un photographe s'était rendu à Meudon pour pren-

dre des clichés d'après les sculptures du Maître.

En l'absence de Rodin, il avait été reçu par un praticien.

Il avisa un énorme bloc de marbre à peine dégrossi, d'où sortait seulement un genou finement travaillé. Il s'extasia :

— « Admirable ! s'écria-t-il. Dites-moi, je vous prie, le titre de ce chef-d'œuvre. »

— « C'est la Pensée », répondit le praticien.

Le photographe ravi braquait déjà son appareil, quand on lui dit :

— « Ce n'est point de Rodin, mais de Despiau, son collaborateur. »

L'opérateur se tourna vers un autre bloc massif, d'où se dégageait un dos nu.

— « Splendide, fit-il. Comment appelle-t-on ça ? »

— « Encore la Pensée. Mais ce n'est pas non plus de Rodin. C'est de Desbois, son collaborateur. »

Désappointé, le photographe aperçut un troisième bloc, d'où surgissait un pied.

— « *Merveilleux ! déclara-t-il. Qu'est-ce
que cela représente ?* »

— « *Toujours la* Pensée : *c'est d'ailleurs
assez visible ! Mais ce n'est point de Rodin. C'est de* Bourdelle, *son collaborateur.* »

*Alors, le photographe désespéré rechargea
son matériel sur son dos et s'enfuit en prenant ses jambes à son cou.*

Rodin, de son côté, tenait parfois au
sujet de M. Bergeret, des propos dépour-
vus d'indulgence.

Certes il louait fort l'esprit d'Anatole
France et les grâces de son style. Mais il
prisait peu les nuances changeantes de
sa pensée qu'il estimait spécieuse et trop
peu ferme.

— *Il a la sauce, déclarait-il rondement;
mais il n'a pas le lapin.*

Il faut dire que le lapin était son régal.
C'était un souvenir du temps où, praticien,
il fréquentait les gargotes. Le lapin lui
semblait un mets des dieux. Evidemment, il manquait beaucoup à Anatole
France, puisqu'il n'avait pas le lapin.

Aussi Rodin ne voulut-il jamais modeler le buste de M. Bergeret.

Il en avait reçu la commande du bon Dujardin - Beaumetz, surintendant des Beaux-Arts. Mais il ne se mit jamais à l'œuvre. Peut-être la mobilité extraordinaire d'un tel visage le découragea-t-elle ?

* *

Rodin fit admirer à M. Bergeret les ouvrages qu'il avait sur le chantier et sa collection d'antiques. Puis on passa dans la salle à manger.

Rose, la vieille compagne du statuaire, voulut s'esquiver. Elle se sentait mal à l'aise auprès d'un visiteur illustre. Rodin la saisit par le bras.

— *Rose, assieds-toi là !* lui dit-il impérieusement.

— Mais Monsieur Rodin...

— *Je te dis de t'asseoir là !*

Rose avait coutume d'appeler son compagnon « Monsieur Rodin » pour lui marquer du respect.

Elle grommela encore :

— Que les hommes sont drôles ! Ils s'imaginent qu'on peut être à la fois à table et au fourneau !

Mais elle prit place avec nous pour manger le potage.

Durant le repas, elle se leva maintes fois, desservit et trotta chercher les plats à la cuisine. Puis, vite, elle se rasseyait.

Rodin ne souffrait pas d'autre servante auprès de lui.

Rose était la plus douce créature.

La vie de cette femme timide, discrète, obscure, apeurée, à l'ombre du colosse despotique, auréolé de gloire, mériterait d'être contée par un Balzac.

Jadis, elle avait été d'une beauté fascinante.

Parfois, Rodin montrait dans son atelier un admirable buste de Bellone, au regard courroucé. Et s'adressant à Rose :

— *C'est toi*, lui disait-il, *qui as posé pour cette Bellone ; t'en souviens-tu ?*

Alors d'une voix chevrotante :

— Oui, Monsieur Rodin, répondait-elle.

Le contraste était saisissant entre cette bonne petite vieille et la terrible déesse casquée qui autrefois avait été pétrie à sa ressemblance.

Elle idolâtrait son grand homme. Elle avait partagé avec lui les rudes épreuves d'une destinée pleine de cahots. Il la torturait souvent. Car c'était le plus fantasque et le plus inconstant des mortels. Elle voyait entrer chez elle de belles dames, qui étaient ses rivales victorieuses, et dont elle devait supporter la présence sans un mot d'aigreur.

La moindre attention qu'il lui témoignait la comblait de joie.

Dans son jardin de Meudon, elle cultivait passionnément les fleurs. Nous le vîmes un jour en cueillir une et la lui offrir :

— *Tiens, Rose, ceci est pour toi.*

Le présent ne lui coûtait guère.

— Oh ! merci, Monsieur Rodin, fit-elle inondée d'un bonheur céleste.

Qu'on nous permette d'achever par quelques coups de crayon une silhouette si touchante et de rappeler ce que furent les derniers moments de cette humble existence.

Lorsque la santé de Rose déclina, Rodin l'épousa. Et ce fut comme si le Paradis s'ouvrait au-dessus d'elle.

Mais la maladie la consumait. On l'installa dans un fauteuil d'osier sur le perron, pour que le soleil la réchauffât. Ses orbites étaient creuses, ses yeux trop brillants, ses pommettes empourprées. Elle toussotait sans cesse.

Rodin sentit tout à coup ce qu'il allait perdre. Il était bien vieux lui-même. Il s'assit près d'elle dans un fauteuil semblable. Il la regardait sans parler. Il posait sa grosse patte de fauve sur la main maigre et exsangue de la pauvre femme pour la retenir de force.

Elle rendit l'âme et le géant la suivit dans la tombe très peu de temps après.

*
* *

La salle à manger où nous étions réunis était printanière comme une idylle.

Les fenêtres donnaient sur les coteaux bleuissants de Meudon, et sur la vallée de la Seine qui paresseusement ondulait sous un ciel d'argent.

Rose nous servit un grand plat de lapin et Rodin y pêcha lui-même des lardons pour les mettre courtoisement dans l'assiette d'Anatole France qu'il désirait honorer.

A un moment, comme le sculpteur s'apprêtait à mouiller son vin, il allongea la main vers une carafe cubique dont le bouchon de cristal était curieusement orné de spirales de couleur comme ces billes de verre dont raffolent les marmots. Et tout à coup :

— *Rose, je t'ai déjà dit que je ne voulais plus voir sur ma table...*

Précipitamment, Rose agrippa l'objet abhorré et s'enfuit en l'emportant. Elle revint tout aussitôt avec une autre carafe et nous dit :

— M. Rodin aurait jeté par terre celle qui lui déplaît tant !

— *Nous sommes envahis par la laideur,*

gronda le statuaire. *Toutes les choses dont nous nous servons chaque jour offensent le goût. Nos verres, nos assiettes, nos chaises sont horribles. On les fabrique à la machine. Et la machine tue l'esprit.*

Autrefois, les moindres ustensiles domestiques étaient beaux, parce qu'ils reflétaient l'intention de l'artisan qui les avait faits.

L'âme humaine les parait de ses rêves.

J'ai lu chez Andersen, l'adorable écrivain danois, que, la nuit venue, les meubles et les autres objets du foyer se mettent à converser entre eux.

Les chandeliers font la causette avec la pendule, les chenêts bavardent avec les pincettes.

A vrai dire, toutes les reliques du passé parlent ainsi, même en plein jour. Elles nous murmurent cent confidences attendrissantes sur les braves gens qui les façonnèrent.

Mais nos meubles d'aujourd'hui se taisent. Qu'auraient-ils à dire? Le bois d'un fauteuil nous révèlerait qu'il fut débité à la grosse dans une scierie mécanique du Nord ;

le cuir qu'il vient d'une grande mégisserie du Midi ; les cuivres, qu'ils furent coulés à des milliers d'exemplaires dans quelque usine de l'Est ou de l'Ouest. Et si tout cela se mettait à discourir ensemble, quelle ef- froyable cacophonie !

Il est triste, voyez-vous, de vivre à une époque où les petits dieux familiers de nos demeures gardent un silence de mort.

M. Bergeret reconnut que notre art décoratif était très bas.

RODIN. — *Si ce n'était que notre art décoratif ! Mais c'est l'art, l'art tout court qui est tombé à rien. Il n'y a point de distinction à faire entre l'art décoratif et l'art : fabriquer une très belle table ou modeler un torse de femme, c'est tout un.*

L'art consiste toujours à traduire des rêves par des formes. On ne rêve plus ! On ne sait plus que toute ligne, pour être harmo- nieuse, doit interpréter la joie ou la douleur humaine.

Et dans ce qu'on appelle le grand art, dans la sculpture, par exemple, de même que dans la fabrication des choses usuelles,

16

c'est surtout le mécanisme qui pourchasse et tue le rêve.

Cette sortie prophétique déconcertait un peu M. Bergeret qui n'a point coutume de planer si vertigineusement. Il ramena la conversation à une altitude plus modeste.

— *Comment le mécanisme*, demanda-t-il, *peut-il influer sur la sculpture ?*

— *Comment ?* fit Rodin toujours grondant. *Mais c'est que le moulage a remplacé le talent (¹).*

FRANCE. — *Le moulage ?*

RODIN. — *Oui, ce procédé mécanique est aujourd'hui couramment employé par nos statuaires. Ils se contentent de mouler des modèles vivants.*

---

(1) *Auguste Rodin, à ses débuts, avait été accusé par les sculpteurs académiques de recourir au procédé qu'il réprouve si violemment.*

L'Etat, qui désirait acquérir son Age d'Airain, chargea même une commission de s'assurer que cette œuvre n'était pas un simple moulage sur le vif.

Il est piquant d'entendre ici l'homme de génie, qui toujours spiritualisa la nature, renvoyer la balle à ses adversaires dont la plate technique mérite assurément sa verte mercuriale.

Le public ne le sait pas encore. Mais dans notre corporation, c'est le secret de Polichinelle. Les statues modernes ne sont que des moulages placés sur des socles. Le sculpteur n'a plus qu'à se croiser les bras. C'est le gâcheur de plâtre qui fait toute la besogne.

FRANCE. — *Permettez-moi une question. Je conçois bien ce que vous dites quand les personnages d'un monument sont exactement grandeur nature. Mais comment nos artistes s'y prennent-ils donc quand ils exécutent des figures plus grandes ou plus petites que la taille réelle?*

RODIN. — *Ce n'est point une difficulté. Car on dispose d'instruments pour agrandir ou diminuer les moulages.*

. FRANCE. — *Et dans l'ancien temps, dites-vous, les sculpteurs s'abstenaient de mouler sur le vif?*

RODIN. — *Ils n'utilisaient les moulages que comme documents. Dans tous les ateliers d'autrefois, l'on voyait pendus aux murs, des bras, des jambes, des torses moulés, qui étaient d'un galbe parfait.*

Les artistes les consultaient pour contrôler dans leurs œuvres l'insertion des muscles ; mais ils se gardaient bien de les copier et toujours ils s'efforçaient d'animer ces références, de les transformer, d'y faire palpiter leur inspiration. C'est l'Italien Canova, qui, à la fin du XVIIIe siècle, se mit à incorporer des parties moulées dans ses statues. Le grand nombre des travaux dont il était chargé le forçait à cette méthode expéditive. Depuis lors, son exemple fut universellement suivi.

Les statuaires ont cessé d'apposer à leurs ouvrages le sceau de la pensée qui transfigure les choses et les illumine de vérité intérieure. Ils n'ont plus recherché que le vulgaire trompe-l'œil. Non contents de mouler le nu, ils ont, par une pente fatale, reproduit avec exactitude les vêtements réels. Dans les costumes de femmes, ils ont imité rubans, dentelles, passementeries ; dans l'habillement masculin, redingotes, culottes, manchettes, faux-cols, tout le rayon de la dernière mode.

Nos rues et les façades de nos édifices

nationaux sont ainsi devenues des succur-
sales du musée Grévin.

FRANCE. — *Ce n'est que trop vrai, mon*
cher Maître. Et ce bas réalisme s'atteste
encore dans la sculpture moderne par quan-
tité d'accessoires de la vie courante, meubles
qui semblent sortir de chez l'ébéniste, appa-
reils scientifiques, objets de toutes sortes qui
sont un poids mort pour l'Art, puisqu'ils
échappent, par leur raideur précise, à la
fantaisie de l'interprétation.

On composerait un étrange bric-à-brac
de tous les attributs qui alourdissent nos
monuments officiels.

Le fourneau de Bernard Palissy voisi-
nerait avec la fiole de Pelletier et de Caven-
tou, la balance de Lavoisier, la table de
dissection et le caniche mort de Claude
Bernard, le fauteuil de Diderot, la chaise
de Camille Desmoulins, la presse de Re-
naudot, le lit d'hopital du Docteur Tarnier,
la selle tournante de Gérôme, etc...

Mais à côté de ce capharnaüm, il fau-
drait ouvrir une ample annexe pour y
remiser des pièces démesurées comme le

télégraphe Chappe et le Ballon du Siège.

RODIN. — *Les artistes d'aujourd'hui ignorent que le rôle de l'art est de traduire l'âme humaine, qu'on ne représente pas la science par des machines, mais par un front qui pense et des yeux qui méditent ; qu'on ne figure pas le courage par des canons et des aérostats, mais par des visages mâles et des poitrines résolues.*

L'accessoire est leur suprême ressource, parce qu'ils ne savent plus faire rayonner l'esprit.

**

M. Bergeret, qui est fort civil, jugea bon de dire que notre sculpture moderne jetait pourtant quelque éclat.

Et Rodin, comme si cet éloge ne s'adressait pas à lui, cita magnanimement Dalou, dont il loua la *République triomphante* traînée sur un char par des lions et suivie par la Justice et l'Abondance.

FRANCE. — *Certains critiques ont désapprouvé cette mythologie ; mais je ne partage pas leurs préventions. L'allégorie* tant décriée me paraît seule capable de traduire les idées générales: N'est-ce point votre avis?

RODIN. — Si fait! Il ne s'agit que de rajeunir les vieilles images. Ainsi la Marianne de Dalou coiffée du bonnet phrygien reproduit le type convenu de la Liberté ; mais son geste empreint de familiarité, son visage à la fois grave et modeste sont ceux d'une brave ouvrière d'aujourd'hui.

FRANCE. — Il en est de même dans l'ordre littéraire. Considérez l'allégorie de la Victoire. Elle est extrêmement ancienne et semble bien usée. Lisez pourtant la Proclamation de Napoléon au retour de l'île d'Elbe :

La Victoire marchera au pas de charge.

Est-ce la Nikè antique, dites-moi? Non, c'est sa Victoire à lui que Napoléon mène ainsi tambour battant. Au pas de charge!... Elle n'a plus d'ailes, mais elle foule les routes et les champs avec furie. Elle est poudreuse, échevelée, plébéienne...

Là-dessus, on convint que l'allégorie comme toute ressource artistique ou littéraire, ne vaut que par le génie de ceux qui l'emploient. Et par hasard le nom de M. Puech vint sur le tapis.

FRANCE. — *Oh ! celui-là me fait terriblement peur. Il m'arrive parfois de traverser, quand j'y suis contraint, le jardin du Luxembourg. Il est tout hérissé de monuments funèbres consacrés aux écrivains et me produit l'impression peu réjouissante d'un cimetière des Muses.*

Mais, Leconte de Lisle, caressé par une grande femme ailée, en saindoux, me semble surtout à plaindre. Et quand je l'aperçois, je me sauve en songeant que peut-être, un jour, sous ces ombrages, M. Puech représentera une affaire Dreyfus *en suif, baisant à pleine bouche mon buste en margarine.*

Rodin éclata d'un bon rire de géant.

***

Les deux grands hommes se trouvèrent naturellement amenés à parler des changements qu'on fait subir à Paris.

Ils y naquirent l'un et l'autre et M. Bergeret qui fut élevé dans une boutique en face du Louvre sur les bords de la Seine indolente, chérit avec tendresse le souriant décor d'édifices affables et de frissonnants feuillages, qui enchanta ses yeux d'enfant.

— *On finira*, dit-il, *par rendre laid notre Paris.*

RODIN. — *En effet, on y détruit partout les anciens logis qui en sont la plus noble parure.*

Les politiciens, les ingénieurs, les architectes et les financiers modernes ourdissent une conspiration maudite contre la grâce que nous légua le passé. On démolit à grands coups de pioche les plus radieux vestiges du XVIIe et du XVIIIe siècle. Dernièrement n'a-t-on pas saccagé la délicieuse île Saint-Louis où le rêve, traqué de toute part, semblait s'être refugié.

Virgile a conté une dramatique légende. Pour alimenter le feu d'un sacrifice, Enée rompt les branches d'un myrte. Soudain le

sang coule des rameaux brisés et un gémisse-
ment se fait entendre :

— « *Arrête, malheureux, tu me blesses,
tu me déchires !* »

Cet arbuste était un homme métamor-
phosé par la volonté des dieux.

La fable du poète me revient souvent
en mémoire quand je vois des Vandales
porter le pic dans les fiers hôtels d'autrefois.

Il me semble alors que les murailles
saignent, car elles sont vivantes et humaines
comme le myrte de Virgile.

Par le rythme harmonieux de leurs monuments, les Français de jadis ne nous parlent-
ils pas ?

Briser un mascaron du XVI⁽ᵉ⁾ siècle, un
portique du XVII⁽ᵉ⁾, une frise délicate du
XVIII⁽ᵉ⁾, c'est balafrer criminellement le
visage de nos ancêtres, c'est lacérer leurs
lèvres éloquentes. Quel forfait d'étouffer
leur voix !

Encore si les demeures bâties à la place
de celles qu'on jette à bas étaient belles !
Mais la plupart sont hideuses.

FRANCE. — Elles sont toutes trop élevées. *La hauteur modeste des habitations était le principal agrément du vieux Paris. Elles ne dérobaient pas à la vue le doux ciel de l'Ile-de-France. Comme le terrain coûtait peu, elles se développaient en largeur. C'était le secret de leur charme. Le sol est devenu très cher et les maisons d'aujourd'hui ne montent que faute de pouvoir s'étendre. C'est la raison de leur laideur.*

RODIN. — *Elles n'offrent ni proportions, ni style, ni détails aimables. On a oublié que l'architecture comme la peinture, la sculpture, la poésie, la musique, est un langage de l'âme. Le goût se meurt. Et le goût, c'est l'esprit d'un peuple exprimé dans sa vie quotidienne, c'est son caractère rendu sensible dans ses costumes, ses foyers, ses jardins, ses places publiques. Notre société déteste l'esprit. Elle tue le rêve.*

Il poursuivit :

Ne parle-t-on pas de substituer, devant le Louvre, à la légère passerelle des Arts un énorme pont de fer ?

C'est à hurler ! En face du Palais des Rois, il ne faudrait que de la pierre.

*Cet amas de ferraille, dont on nous me-
nace, enjamberait le fleuve tout près de la
pointe du Vert-Galant, paraît-il.*

*On gâterait ainsi le prodigieux paysage
composé par les deux berges de la rivière,
le Louvre, le Palais Mazarin, la Monnaie,
la verdoyante proue de l'île de la Cité et
le Pont-Neuf majestueux comme une tragédie de Corneille ou une toile de Poussin.*

*Si cet ensemble est parfait, c'est que de
génération en génération, les Parisiens se
léguèrent le devoir de l'embellir. Comme
les accords de la lyre d'Amphion soule-
vaient les pierres dociles qui d'elles-mêmes
formaient de divins monuments, une secrète
mélodie a groupé dans un ordre irréprochable
tant de rayonnants édifices autour de la
Seine où tremble leur image.*

*Et tout à coup, on veut saccager ce large
chef-d'œuvre !*

FRANCE. — *Utilité pratique, dit-on. Mais
y a-t-il rien de plus utile pour une nation
que le charme d'une ville où se traduit
visiblement son esprit sociable, hardi, bien
équilibré, clair et allègre. Voilà une leçon*

qui, dans la vie d'un peuple et pour son avenir, vaut mieux que tous les ponts de fer, je pense !

**

Après le café, on sortit dans le jardin et l'on avança au bord d'un escarpement d'où le regard embrasse l'immense Paris. Jusqu'à l'horizon le plus reculé, se déployait l'océan des dômes, des tours, des clochers...

A travers les nuées légères, le soleil promenait sur cette vaste houle de pierre ses rayons d'or et d'opale.

Mais souvent les fumées des usines qui ronflaient dans la vallée étendaient sur cette féerie de gigantesques crêpes noirs.

— *Etait-ce si difficile, dit France, d'éloigner de la cité ces fabriques nauséabondes ? N'est-ce point une absurdité de permettre que l'air de Paris soit continuellement empesté par les hautes cheminées qui l'encerclent ? N'est-ce pas un odieux sacrilège contre une ville si belle ?*

RODIN. — *Notre époque, où règne l'ar-*

gent, tolère les pires attentats contre le droit de tous à la santé et aussi à la beauté. Elle empuantit et salit tout. Elle tue le Rêve ! Elle tue le Rêve !

FRANCE. — *Mais le Rêve ressuscite toujours. Et peut-être se vengera-t-il ? Peut-être construira-t-il bientôt une autre société moins bassement utilitaire et moins dédaigneuse de l'esprit.*

Tels étaient les propos attristés qu'échangeaient ces deux prophètes sur la colline de Meudon.

Sur les guerres

Sur les guerres

M. Bergeret a toujours détesté la guerre. Dans plusieurs de ses livres, le *Lys Rouge*, l'*Orme du Mail*, le *Mannequin d'Osier*, par exemple, il a traduit cette exécration par une ironie plus puissante encore que la fureur.

Avant que la tempête se déchaînât, il lui arrivait de dire qu'il n'y croyait pas, parce que les formidables armements la rendraient trop horrible, et parce que les gouvernements européens, tous plus ou moins teintés de démocratie, reculeraient

17

devant les hasards militaires. D'autres fois, au contraire, comme chacun de nous, il était saisi d'angoisse.

« Que nous soyons assurés d'une paix que rien ne troublera, écrivait-il dans la préface de *Jeanne d'Arc*, il faudrait être insensé pour le prétendre. Les terribles rivalités industrielles et commerciales qui grandissent autour de nous font pressentir au contraire de futurs conflits et rien ne nous assure que la France ne se verra pas un jour enveloppée dans une conflagration européenne ou mondiale. »

Tragique prophétie qui devait peu tarder à se vérifier, hélas !

Durant les années affreuses, quand la Patrie qu'il chérit filialement fut menacée de périr, il éprouva d'effroyables serrements de cœur.

Puis, à l'occurrence, il laissa percer dans ses entretiens les appréhensions que lui causait la renaissance de l'esprit de conquête chez les alliés à mesure que leur triomphe devenait moins douteux.

Aussitôt après l'armistice, comme il

assistait à une cérémonie en mémoire de Jean Jaurès, il fit, au milieu de la foule effervescente, un de ces nobles gestes qu'elle interprête sans peine et qu'elle acclame toujours.

Prenant la croix de guerre d'un mutilé, il l'épingla sous le buste de celui qui avait prêché la fraternité avec tant de passion et qui avait donné sa vie pour elle.

Il attestait ainsi que le peuple de France avait saintement offert son sang à la paix et la protégerait dorénavant avec fermeté contre toute frénésie belliqueuse.

Depuis, il ne manqua pas une occasion de lancer de nouveau l'anathème contre la guerre et d'appeler de ses vœux un ordre social où elle serait à tout jamais conjurée.

La conversation qui suit fut tenue à la Villa Saïd quelques années avant l'inexpiable horreur.

Nous étions en délicatesse avec nos

incommodes voisins de l'Est, à propos
du Maroc. Au lointain, déjà commençait
à gronder l'orage...

Ce jour-là, M. Bergeret parla d'abord
des gazettes d'Outre-Manche qui nous
donnaient un peu trop bruyamment raison contre les Allemands.

—*L'Angleterre m'inquiète*, murmura-t-il.
Elle est martiale à l'excès.

*Certes elle est brave. Et peut-être ne
craint-elle point la guerre pour elle-même.
Mais je crois bien qu'elle la craint moins
encore pour la France.*

(On rit).

FRANCE. — *Oh! le mot n'est pas de
moi. Du moins, ce n'est qu'une variante
d'une menace bouffonne que proféra jadis
un certain Bermudez de Castro contre
Baudelaire:*

On pria France de conter l'histoire
de Bermudez et il ne se fit point tirer
l'oreille.

— *C'était*, dit-il, *un noble Espagnol.
Dans son pays, il avait été persécuté pour
avoir traduit les* Mystères de Paris. *Les*

cléricaux de là-bas étaient si ombrageux que notre puéril Eugène Sue leur paraissait infernal.

Le traducteur s'était donc exilé en France où la société littéraire lui avait fait bon accueil. Théophile Gautier, Baudelaire, Flaubert l'admettaient parmi eux, car son originalité les divertissait. Il était follement orgueilleux en sa qualité d'hidalgo, et miraculeusement sale. Pour connaître le menu de son dernier repas, il suffisait de jeter un coup d'œil sur sa large barbe noire. Avec cela, plus fat que Narcisse.

Un jour qu'il dînait avec ses amis, il trouva sous sa serviette une lettre délicieusement parfumée. Elle avait été glissée par Baudelaire.

Bermudez flaira l'enveloppe, crut deviner une bonne fortune et furtivement fourra le billet dans sa poche. Puis, dès qu'on se leva de table, il s'isola dans un coin pour le lire. Et ce furent des éclairs dans ses yeux, des palpitations de narines, des soupirs d'espérance. Baudelaire et les autres l'épiaient sous cape et savouraient toutes ses mines.

Le poulet disait à peu près ceci :

— « Noble Espagnol, vous êtes grand et je suis souple, vous êtes brun et je suis blonde, vous êtes fort et je suis belle. Je vous aime. Trouvez-vous ce soir à minuit place Saint-Sulpice, près de la fontaine. »

A minuit, les mystificateurs qui avaient feint de rentrer chez eux allèrent s'embusquer non loin de l'endroit convenu. C'était l'hiver, il faisait un froid de canard sauvage. L'hidalgo était déjà là. Plus cambré que jamais, poing sur la hanche, moustaches en bataille, il tournait autour de la fontaine. Une bise aigre balayait la place déserte et fouettait l'eau qui, se glaçant aux mufles des lions de pierre, y accrochait de fantastiques barbes blanches.

Bermudez tournait, tournait.

Le quart sonna, puis la demie. Flegmatique et superbe, il tournait toujours.

Tout à coup, d'un coin de la place, jaillit un grand éclat de rire, suivi d'une apostrophe goguenarde.

— « Ohé ! Seigneur don Juan ! »

Alors Bermudez au comble de la rage :

— « *Ah ! hurla-t-il, je reconnais cette voix. C'est ce Bodelairre.* »

Il roulait terriblement les **r.**

— « *Je le touerai, je le touerai, dussè-je périr moi-même. Ma peau, je n'y tiens pas bocoup, mais je tiens encore bien moins à celle de ce Bodelairre !* »

Puis il se retira majestueusement. Le lendemain, il avait oublié ses menaces.

Le critique d'art Charles Saunier tira un calepin de sa poche et y consigna cette anecdote :

— Je fais partie, dit-il, de la Société historique du VIe arrondissement, sur lequel se trouve la fontaine de Visconti. Les moindres faits qui s'accomplissent dans ce petit espace, nous intéressent prodigieusement. Les plus grands évènements qui se passent dans le reste de l'univers nous sont comme un clou à un soufflet. Il me semble d'ailleurs, continua-t-il, que dans *Jocaste et le Chat maigre,* vous avez conté une scène semblable.

— *Hé ! oui,* dit France. *C'est justement*

*l'aventure de Bermudez que j'ai prêtée à un
autre personnage.*

*
* *

Un vieillard qui était présent, coupa
court à ces propos qu'il estimait fri-
vôles :

— Nous parlions d'une guerre pro-
chaine, grommela-t-il. Eh ! bien, si elle
éclate, tant mieux !

L'auteur de cette déclaration péremp-
toirè était un poète obscur qui est mort
depuis. A en juger par ses discours toujours débordants de chauvinisme, sa Muse
devait être fort héroïque. Mais personne
n'avait jamais lu ses vers.

Il était si perclus de goutte qu'il ne
pouvait chausser des bottines. Il traînait
à ses pieds des savates lacées sur de gros
bandages de toile blanche. C'est dans cet
équipage qu'il faisait ses visites.

Il toussait, larmoyait et bredouillait.

Il venait souvent chez Anatole France
qu'il connaissait de longue date. Le Maître

qui le tolérait, disait parfois, quand il
n'était pas là :

— *Quelques vieux amis me feraient douter
de l'amitié, ce bienfait céleste. Ils se targuent
d'être fort attachés et ils le sont en effet,
comme des moules à la carène d'un navire.
Vous n'ignorez pas qu'elles sont souvent
empoisonnées !*

Nul n'avait relevé la phrase tranchante
du barde podagre. Mais tapant de ses
mains molles sur les bras de son fauteuil :
il reprit entre deux quintes d'asthme :

— Nous sommes restés, grâce à Dieu,
un peuple de soldats ! Atchoum ! Nous
aimons la guerre, atchoum !... Et nous
ne demandons qu'à nous battre ! Atchoum ! Nous irons reprendre nos pendules chipées par les Pruscots en 1870.
Atchoum ! Atchoum !

France qui l'avait dévisagé un moment
sans parler, lui dit avec douceur :

— *J'admire ce bel enthousiasme chez un
vétéran. Et je suis sûr que si le pays est en
péril, les jeunes gens de cœur ne lui marchan-
deront pas leur sang. Mais quant à pré-*

tendre que les Français aiment la guerre, ce n'est point exact.

Jamais peuple n'aima la guerre. Jamais peuple ne désira se battre.

Au fond, la foule envisage toujours les combats sans allégresse.

Ce qui surtout faussa les idées des historiens, c'est la rhétorique de Tite-Live. Or je ne crois pas que ce Padouan fût sincère. Il savait bien que personne n'est heureux de s'exposer au trépas. Mais il se disait qu'il fallait remonter le moral des Romains qui s'engourdissaient, et il enflait ses périodes sonores.

La vaillance qu'il a célébrée, nous l'attribuons d'ordinaire aux armées qui remportent des victoires. Nous pensons qu'elles méritèrent leurs succès par leur mépris du danger, et qu'au contraire les armées vaincues manquèrent de courage. Suppositions gratuites ! C'est la chance qui le plus souvent décide des batailles. Quant aux armées, je soupçonne qu'elles sont toutes médiocres et qu'aucune n'affronte de gaieté de cœur les souffrances et la mort.

On a lyriquement vanté nos troupes révolutionnaires. Le hasard me fit découvrir à ce propos un très édifiant opuscule d'un nommé Rozière : La Révolution à Meulan. Je n'ai plus ce petit ouvrage. Je l'ai prêté : on ne me l'a pas rendu : preuve de son intérêt.

Quand la Patrie fut en danger, on leva des hommes à Meulan comme dans tout le reste de la France. Cela se fit en grande pompe. Le maire convoqua la population dans l'église. On battit le tambour, les jeunes gens jurèrent de vaincre ou de mourir, ils entonnèrent le Chant du Départ et prirent le chemin de l'armée... Mais une semaine après, on retrouvait la plupart d'entre eux dans la campagne environnante ou à Meulan même. Lorsque les circonstances redevinrent très critiques, le maire jugea qu'il fallait faire un nouvel appel à ses administrés. Il les rassembla derechef. Les mêmes conscrits furent enrôlés... et revinrent après quelques jours d'absence.

Cette cérémonie se renouvela plusieurs fois, sans changement de figuration.

Finalement, un seul citoyen de Meulan resta à l'armée, un seul ! Il y devint général, assure-t-on ; il le méritait bien.

J'imagine qu'il n'en fut pas autrement pour nombre d'enrôlements du Pont-Neuf. Car enfin, vous devez comprendre que quand on offre son dévouement à la France sur le Pont-Neuf, c'est avant tout pour se faire voir. Une fois qu'on s'est montré, suffit ! On est quitte.

LE VIEUX POÈTE (en graillonnant). — Allons ! allons ! mon cher France,... je ne conçois pas votre ironie. La vertu militaire... atchoum ! n'est heureusement pas rare, atchoum ! et vous m'accorderez que, atchoum ! atchoum !...

FRANCE. — *Je vous accorde, certes, qu'il y a des héros. Encore ne le sont-ils pas toujours. Le vrai héros avoue qu'il manqua parfois de courage. Je vous accorde que certaines troupes, dans quelques moments d'exaltation, bravent avec intrépidité des risques effrayants. Mais de tout ce que nous savons, nous sommes obligés de conclure que la majorité des soldats qui composent* une armée tiennent âprement à leur vie et ne l'exposeraient pas s'ils n'y étaient contraints.

Voilà pourquoi le petit livre que je viens de citer, bien qu'il n'indique assurément pas l'état d'esprit de tous les Français pendant la Révolution, m'a cependant paru digne de crédit. Et ma propre expérience le corrobore.

LE VIEUX POÈTE. — Votre ex... atchoum !... périence ?

FRANCE. — Oui... Tenez, je vais vous rapporter très fidèlement quelques-unes de mes impressions de garde national durant le siège de Paris.

Le commandant de notre bataillon était un gros épicier de notre quartier. Il manquait d'autorité, il faut le dire, car il cherchait à ménager ses pratiques.

Un jour, nous reçûmes l'ordre de participer à une sortie. On nous envoya sur les bords de la Marne. Notre commandant était splendide sous son uniforme tout flambant qui n'avait jamais servi. Il montait un charmant petit cheval arabe qu'il s'était procuré je ne sais où et dont il paraissait très fier, un petit cheval tout blanc, adorablement gracieux et guilleret. Trop guilleret, ce fut la perte du pauvre épicier. Comme il faisait caracoler sa bête, elle se cabra de toute sa hauteur, tomba sur le dos et tua net notre commandant, en lui cassant les reins.

Nous regrettâmes peu notre chef. Nous prîmes le parti de nous arrêter, de rompre les rangs et de nous allonger sur l'herbe de la berge. Nous y restâmes couchés toute la matinée, puis tout l'après-midi. Au loin, l'artillerie tonnait... Nous n'eûmes garde de marcher au canon.

Vers le soir, sur le chemin qui dominait la rive, nous vîmes des marins courir. Beaucoup étaient noirs de poudre. Des blessés portaient des bandages sanglants. Ces braves gens s'étaient bien battus, mais ils avaient dû céder à la mauvaise fortune.

Quelle idée nous vint ? Nous nous mîmes à crier : Vive la flotte !

Cette exclamation que les matelots jugèrent ironique, eut le don de les courroucer.

Quelques-uns foncèrent sur nous baïonnette en avant. Ceci nous parut dangereux. Nous quittâmes précipitamment les talus gazonnés et nous gagnâmes du terrain. Comme nous étions bien reposés et que les poursuivants étaient accablés de fatigue, nous pûmes leur échapper sans peine.

Nous rentrâmes à Paris. Mais notre longue inaction nous pesait et nous avions grand'faim. Aussi n'éprouvâmes-nous aucun scrupule à piller une boulangerie que nous rencontrâmes sur notre chemin. Heureusement les propriétaires avaient eu le temps de s'esquiver. Et nous ne fûmes point homicides.

Telle fut notre conduite. Je ne m'en vante pas, oh ! non, je ne m'en vante pas. Mais la vérité m'est chère et je lui rends hommage.

LE VIEUX POÈTE. — Ce sont là certainement des faits exceptionnels, atchoum ! et je suis sûr que...

FRANCE. — *Mon cher ami, je m'en voudrais d'ébranler votre foi. Surtout, gardez-vous de croire que je cherche à rabaisser*

mes compagnons d'armes. Nos ennemis ne
différaient point de nous-mêmes. Peu d'entre
eux étaient des héros. Beaucoup de témoins
virent pleurer les soldats allemands qu'on
envoyait dans des régions périlleuses. Et
pourquoi railler ces larmes? Elles étaient
répandues sans doute sur le souvenir de
jeunes femmes qui ne reverraient plus leur
mari, de petits enfants qui n'embrasseraient
plus leur père.

Mais laissez-moi vous conter une autre
anecdote.

Peu de temps après la guerre de 70, je
me trouvais à X... Comme j'entrais dans
une auberge, j'entendis de grands éclats de
rire, et je vis des habitants de l'endroit
en cercle autour d'un robuste gars.

Il leur expliquait comment il avait réussi
à éviter toutes les batailles.

— « D'abord, disait-il, j'étions parti de
cheu nous avec deux semaines de retard.

« Quand j'arrivions devant le sargent,
je pensions ben qu'il allait me chanter
pouille. Alors moué, pas bête, j'avions fait
l'idiot. A tout ce qu'i me demandait, je

répondions meu, meu, comme une vache.

— « Qué brute ! qué brute ! qu'i répétait ; pas mêche d'en tirer autre chose que meu, meu. »

« A la fin, un officier me dit : — « Hé ! l'innocent, pisque t'es gars de ferme, tu connais les chevaux. »

« Je faisions oui ! avec la tête.

— « Eh ! bien, tu vas conduire ces deux canassons au colonel Bouchard du 28e régiment, 3e corps d'armée. V'là ta feuille de route et de quoi vous nourrir tous les trois, tes deux bêtes et toi. »

« Je faisions encore oui, et je partions.

« Mais, comme de juste, je prenions un mauvais chemin et je menions mes deux bidets à un autre colo d'un autre régiment.

« Ce colo, sitôt qu'i reluque mes papiers :

— « Cré nom que t'es tourte », qu'i me fait, et i' me remet dans la bonne route en me donnant quéques écus.

« Je me trompions encore, vous pensez ben.

« Et je me promenions comme ça de colo en colo tout le temps que ça chauffait. Mais une foué la paix faite, j'avions mené

tout dret mes deux carcans au vrai colo du vrai régiment et me v'là. »

Eh ! bien, une hilarité sympathique saluait les cyniques aveux de ce malin.

Oh ! je n'affirme point que les mêmes auditeurs eussent été insensibles à la narration d'un grand dévouement. Les hommes les plus frustes, s'ils admirent l'astuce, vénèrent aussi la noblesse.

Mais enfin la galerie ne réprouvait pas ce faux Nicaise. Il y a toujours chez la foule des trésors d'indulgence pour un Panurge qui se conchie au milieu de la bagarre, pour un Sosie qui, sous la tente, loin de la mêlée, s'empiffre de jambon et de vin.

Vraiment, il me paraît tout à fait impossible que le chauvinisme dont notre bourgeoisie est travaillée de temps en temps gagne jamais le bon peuple.

Au contraire, je remarque que l'antimilitarisme est plus hardi qu'autrefois. Jadis, les déserteurs, les insoumis ne donnaient aucune excuse de leur conduite : « On nous trahit, criaient-ils ; nous sommes vendus ! »

C'était leur seule justification.

Maintenant, ils ont une théorie et des mo-
tifs raisonnés. Le Chant du Départ, *ils l'ont*
remplacé par un hymne pour ne pas partir :
Refuser en musique de marcher ! Cela de-
vient glorieux.

LE VIEUX POÈTE. — Ainsi, vous les
approuvez ?

FRANCE. — *Ne me faites pas dire e*
qui n'entre pas dans ma pensée. Non, je ne
les approuve pas. Car dans la situation
présente de l'Europe, ils risquent de favo-
riser les pires ennemis de la civilisa-
tion.

LE VIEUX POÈTE. — Vous reconnaissez
donc que la patrie...

FRANCE. — *Je reconnais que notre patrie*
mériterait d'être éperdûment défendue, si
elle était menacée.

Encore faut-il voir clairement en quoi
elle a droit à notre amour.

La patrie, si l'on entend par ce mot
la somme des grandes idées et des profonds
sentiments qui diffèrent d'un pays à l'autre
et qui font l'esprit français, le bon sens
anglais, la dialectique allema de, voilà certes

un trésor qui doit être cher à toute nation. C'est un pavillon de lumière planté sur chaque territoire. Les plus beaux génies de chaque race l'ont porté de plus en plus haut. Ils ont après coup et peu à peu donné un magnifique sens spirituel à des groupements que de fortuites circonstances historiques avaient à l'origine resserrés au petit bonheur.

Mais ces émouvantes doctrines nationales, si elles diffèrent, du moins ne divergent pas. Les plus éminents penseurs se tendent la main par-dessus les frontières. Ils n'ont ni les mêmes penchants, ni le même cerveau. Pourtant ils se rapprochent par leur humanité et par leur compassion envers tous leurs semblables.

C'est donc par un coupable abus qu'on voudrait opposer les consciences nationales. Dans leur plus sereine expression, elles se complètent, au contraire. Et l'on peut adorer sa patrie en révérant les autres.

Mais, par malheur, la patrie n'est point seulement un ensemble d'idées radieuses. Elle est aussi la raison sociale d'une foule d'entreprises financières dont beaucoup sont peu recommandables.

C'est surtout l'antagonisme des appétits capitalistes parfois très illégitimes qui pousse les nations à s'entrechoquer et qui cause les guerres modernes. Rien n'est plus triste.

Du fond de mon âme, je souhaite que ma patrie s'abstienne de toute convoitise qui lui ferait porter la moindre responsabilité dans un conflit.

Mais si jamais elle était envahie par un voisin cupide, le devoir de tous ses fils serait de voler à son secours.

Pour l'Humanité, ce serait en effet la plus sombre catastrophe que la France fût amoindrie. Car, n'est-ce pas, tout de même, notre pays symbolise d'assez généreuses aspirations.

LE VIEUX POÈTE. — Ah ! ah ! vous voyez bien... atchoum ! que le chauvinisme a du bon.

FRANCE (avec force). — Mais pas du tout ! C'est une criminelle démence. Quand les chauvins disent que la guerre est sublime, qu'elle est l'école de toutes les vertus, qu'elle retrempe et régénère les hommes, que la Providence fait triompher les plus dignes et que la grandeur d'un peuple se mesure à ses victoires, c'est-à-dire aux massacres où ses enfants périssent avec ses ennemis, ils sont absurdes et odieux.

LE VIEUX POÈTE. — Mais comment persuaderez-vous au peuple de s'immoler à la patrie ?

FRANCE. — *En rendant la patrie toujours meilleure, toujours plus juste, toujours plus maternelle pour le peuple,... plus loyale, plus fraternelle vis-à-vis des autres nations,... en répétant sans cesse que la guerre est abominable, en nous gardant avec soin de toutes les tortueuses intrigues qui pourraient la provoquer,... en attestant par la franchise éclatante de notre conduite que nous ne voulons pas prendre les armes et que nous en userons seulement pour defendre notre liberté.*

Alors le peuple aimera cette patrie qui se confondra dans son cœur avec le plus bel avenir du genre humain et si, par malheur,

elle est assaillie, il ne permettra pas qu'elle
succombe (¹).

(1) *Telles étaient à cette époque, les opinions de*
M. France. Depuis, par son adhésion au communisme,
il a témoigné que seule l'organisation internationale des
prolétariats lui semble capable d'empêcher le retour des
guerres.

La Révolution russe
à la villa Saïd

La Révolution russe
à la villa Saïd

C'ÉTAIT pendant la saison froide. Quand Joséphine nous ouvrit la porte, nous vîmes le *corridor* de l'entrée tout encombré de pardessus, de cache-nez et de fourrures.

Les vêtements des amis de M. Bergeret étaient accumulés sur les chaises et sur les consoles. Des chapeaux coiffaient de beaux chandeliers *rococo*. Des paletots étaient accrochés au départ de la rampe gothique en vieux chêne *ouvragé*.

— Y a-t-il beaucoup de visiteurs ? demandâmes-nous à Joséphine.

— Trop ! fit-elle d'un ton bourru. Il y a des tas de Russes.

Joséphine sympathisait peu avec la race slave.

— On ne sait pourquoi, reprit-elle, Monsieur reçoit des gens pareils. C'est sale. C'est plein de puces. Regardez-moi ces vieilles houppelandes.

Ce disant, elle palpait entre le pouce et l'index un pauvre caban tout élimé.

Elle continua de grommeler entre ses dents :

— Ces Russes, ce n'est bon qu'à crotter toute la maison. Et ça doit porter des bombes. Si Monsieur m'écoutait, il choisirait mieux ses relations. Célèbre comme il est, il ne devrait fréquenter que du beau monde.

Nous la laissâmes à sa méchante humeur.

Dans la bibliothèque, nous trouvâmes en effet auprès du Maître plusieurs révolutionnaires russes. Il y avait là, entre autres, K..., fameux sociologue, un colosse avec de longs cheveux blancs bouclés, des poils follets tout autour du visage, de grands yeux bleus, étonnés et tendres, un air souriant, enfantin et béat : le type accompli du savant anarchiste qui par ses idées bouleverse avec candeur une société de fond en comble.

On était à l'époque où Nicolas *II* commençait à se débattre contre les sursauts de son peuple las du knout et de la nagaïka.

S..., correspondant de journaux de Pétersbourg, qui avait entrepris à travers la France une tournée de conférences contre le tsarisme, rendait compte d'un discours qu'il avait prononcé la veille à Valenciennes.

— Un public très sympathique, dit-il, et qui semblait fort au courant de la question.

FRANCE. — *En somme, aujourd'hui, la province est au même niveau intellectuel que Paris.*

S... — Sauf quelques régions pourtant, la Bretagne, par exemple.

FRANCE. — *Il est vrai, les Bretons demeurent en retard. Cela tient, en partie, à* leur ignorance de notre langue. S'ils la comprenaient, ils seraient peut-être plus favorables que d'autres à certaines de nos idées sociales.

Ainsi, je crois qu'ils accepteraient facilement le collectivisme. Ils y sont préparés par la pratique des biens communaux, qui sont nombreux chez eux comme dans tous les pays pauvres. Car, à présent, il n'y a plus que les mauvaises terres et les pâturages maigres qui puissent rester propriété commune, tandis qu'au contraire le moindre lopin fertile est aussitôt accaparé. Par malheur, nous n'avons pas d'orateurs sachant leur patois.

L'alcoolisme aussi leur est funeste.

Ce qui est certain, c'est que durant mon dernier séjour à Quiberon, ils m'ont paru fort arriérés.

Ils n'appliquent aucune des nouvelles méthodes de pêche. C'est au petit bonheur qu'ils vont à la rencontre du poisson. Ils ne songent pas à se télégraphier les uns aux autres leurs informations sur la marche des bancs.

Quant à la vente, ils la font dans de navrantes conditions.

La mareyeuse, une grosse commère cossue, les attend sur la côte et guette fièvreusement leur retour. Dès qu'ils ont abordé, elle les emmène tous au cabaret, où elle les saoûle, et c'est quand ils sont gris qu'elle règle avec eux l'achat de leur pêche.

Notez que cette mareyeuse est une intermédiaire dont ils pourraient fort bien se passer. Car souvent le marchand qui enverra le poisson à Paris attend aussi, tout près d'elle, sur la côte. Mais il ne leur vient pas à l'idée de s'adresser directement à lui.

Ce qui m'a confirmé dans mon jugement défavorable sur leur intelligence, c'est une conversation que j'ai saisie entre deux Bretonnes. Comme les femmes sont habituellement plus fines que les hommes, et que celles-ci ne l'étaient guère, du moins à ce qu'il me sembla, j'en tirai de sévères conclusions sur l'esprit des indigènes.

En écoutant ces deux Bretonnes, je ne commis, sachez-le, aucune indiscrétion. Elles étaient, en effet, à un demi-kilomètre l'une de l'autre et c'est à cette distance qu'elles s'apostrophaient à tue-tête, comme les héros d'Homère.

L'une criait, — notez bien ceci, monsieur, dit France au vieux sociologue, — elle criait : — « Tu n'es qu'une saloperie, parce que tu vas avec mon homme. » — Et l'autre ripostait sur le même ton : « Si ton homme va avec moi, c'est que mon... est plus beau que le tien. »

Eh ! bien, monsieur, je ne sais pas si vous êtes de mon avis ; mais cette réplique me sembla dénoter la plus complète absence d'observation psychologique.

Il est certain, en effet, que si nous aimons une femme plutôt qu'une autre, ce n'est pas du tout parce que son... nous paraît plus beau, mais pour une foule de raisons très différentes et d'ailleurs très complexes.

Le vieux sociologue cherchait à se faire une opinion sans y réussir.

Un moment après, France lui dit :

— Le pope Gapone doit être content : la Révolution russe fait une halte.

Et s'adressant aux autres personnes présentes :

— *Notre ami S... m'a fait connaître ce pope dont on parle tant. Il me l'a amené ici même. C'est un solide jeune homme brun et basané. Je confesse timidement qu'il ne m'a pas produit une excellente impression. Il est verbeux et emphatique. Comme il ne sait pas un mot de français, S... me traduisait ses paroles et s'avisa de les abréger. Gapone s'en aperçut et se fâcha tout rouge.*

— *« Il me gourmande, me dit S... parce que j'ai écourté sa dernière phrase où il comparait Nicolas II à un tigre. Il a en effet ajouté :* C'est un tigre altéré de sang humain. »

Eh ! bien, vraiment, cette querelle au sujet d'une métaphore me parut de mauvais goût. Car enfin, n'est-ce pas, tous les tigres royaux ou impériaux sont altérés de sang humain (1).

(1) *Ce Gapone, on s'en souvient peut-être, était un agent provocateur à la solde de la police tsariste. A Pétersbourg, il s'était mis à la tête d'une grande manifesta-*

19

Gapone, qui a dirigé à Pétersbourg les premiers cortèges de grévistes, juge qu'il faut accorder au peuple quelque repos avant de lui demander de nouveaux efforts.

Je ne sais s'il a raison. Mais le danger, c'est que la halte ne devienne un long arrêt.

Peut-être les Russes sont-ils encore trop asservis et trop malheureux pour désirer passionnément la liberté. Car c'est un fait. Presque toutes les révolutions qui triomphent durablement, se bornent à consacrer des résultats acquis.

Observez celle de 89. Ce sont les centres déjà délivrés de la féodalité qui se sont soulevés pour exiger l'abolition de l'ancien régime. Quant aux provinces sur lesquelles

---

tion ouvrière et il s'était éclipsé à l'instant précis où des mitrailleuses avaient fauché la multitude.

Il vint en France peu après et c'est alors qu'il se rendit à la Villa Saïd. Puis il alla sur la Côte d'Azur pour y mener joyeuse vie avec les deniers de la trahison.

Il eut la fin qu'il méritait. Les Révolutionnaires ayant acquis la preuve de son infamie, l'attirèrent dans un guet-apens et l'exécutèrent.

Quand il fit visite à Anatole France, nul ne le suspectait encore. Comme on le voit pourtant, par le dialogue que nous rapportons, M. Bergeret ne fut pas sa dupe.

le joug traditionnel pesait encore, elles son-
geaient si peu à le secouer, qu'elles prodi-
guèrent leur sang contre la Révolution :
ce fut le cas de la Vendée et de la Bretagne.

Et de même pour le socialisme. Il compte
ses plus vaillants adeptes dans les grandes
corporations comme celle des mineurs qui,
précisément, grâce à leur discipline, ont
déjà obtenu une bonne partie des avantages
que le socialisme promet. Tandis que les
plus acharnés adversaires de cette doctrine
sont les paysans qui pâtissent le plus du
régime bourgeois.

Au fond, les changements sociaux ne
s'accomplissent que quand ils sont mûrs.

Voilà pourquoi je me demande si les
Russes ne sont pas encore trop privés des
profits que leur procurerait la Révolution
pour vouloir les conquérir.

K... protesta, que ses compatriotes
étaient plus éclairés qu'on ne le croyait.

FRANCE. — Et leur dévotion au tsar
n'est-elle pas un obstacle à leur émancipa-
tion ?

K... — Le respect religieux de la Russie pour son souverain s'est vite évanoui. Notre peuple est mystique, mais perspicace. Ayant éprouvé la mauvaise foi du tsar, il s'est détaché de lui. Sa piété demeure intacte ; mais elle saute un échelon et s'adresse directement à Dieu.

— Il est plus intelligent que les pêcheurs bretons, observa quelqu'un, il supprime l'intermédiaire.

K... — D'ailleurs, on aurait tort de se figurer les Russes comme aveuglément soumis à leurs prêtres. Au contraire, quoique dévôts, ils aiment peu le clergé. Et quand, par exemple, ils baisent la main d'un pope, ils entendent rendre hommage non pas à l'homme d'Eglise, mais au Dieu qu'il représente.

FRANCE. — *Vous ne m'étonnez point. Car le mépris du prêtre est très conciliable avec la piété. En général, le peuple honnit la soutane. Pourquoi ? Tout simplement sans doute parce qu'elle est lugubre et qu'elle évoque l'idée de l'extrême onction.*

Mais, dites-moi encore, le mysticisme

russe n'est-il pas volontiers contemplatif et ennemi des actes ? Votre prophète Tolstoï, par exemple, ne prêche-t-il pas aux moujiks la résignation et ce qu'il appelle la « non résistance au mal » ?

K... — Entre nous, il n'est pas écouté. Nos ouvriers et nos paysans sont de rudes gaillards et il est difficile de les rendormir une fois qu'ils sont éveillés.

FRANCE. — *Oui, je comprends, les moutons deviennent plus facilement des loups que les loups des moutons. Et tenez, c'est une vérité qu'éprouva dernièrement, à Paris où il habite, votre compatriote le prince Troubetzkoï. De même que Tolstoï invite les hommes à bêler, ce prince avait entrepris d'apprivoiser des loups. Il en avait capturé deux très jeunes, il les avait élevés et les menait en laisse comme des chiens. Pour les déshabituer de leurs instincts, il les nourrissait surtout de légumes et ce qui est surprenant, c'est qu'ils parurent quelque temps s'accommoder de ce régime.*

Mais l'autre jour, tout à coup, l'un d'eux planta ses crocs dans le bras du fruitier chez qui le prince ne dédaignait pas d'acheter lui-même le repas de ses animaux et l'on eut grand'peine à faire lâcher prise à ce méchant loup.

Ceci d'ailleurs n'est pas un apologue.

K... (riant). — L'on en peut tirer cependant des conclusions sociologiques.

FRANCE. — *Si vous voulez...*

K... — Le meilleur moyen, ce me semble, d'aider actuellement aux progrès du libéralisme dans notre pays, est de conseiller aux autres peuples et notamment aux Français de ne souscrire à aucun emprunt russe avant que le gouvernement tsariste ait mis en vigueur une constitution libérale.

FRANCE. — *Je souhaite de tout mon cœur que cette tactique réussisse. Car elle épargnerait des milliers de vies humaines. Il est malheureusement certain que si le gouvernement russe se voyait soutenu par notre argent, il n'hésiterait pas à se lancer dans la réaction la plus atroce.*

K... — Il s'y prépare.

FRANCE. — *Il se pourrait même qu'il*

arrivât à étouffer pour longtemps toute velléité d'indépendance.

K... — Non. Car à la réaction répondraient bientôt les représailles terroristes. Mais il importe de faciliter leur tâche aux libéraux, et, comme vous le dites, d'épargner des vies humaines.

FRANCE. — *Hélas ! chaque progrès humain n'en dévore que trop !*

C'est un ordre des dieux, qui jamais ne se rompt
De nous vendre bien cher les bienfaits qu'ils nous font.
L'exil des Tarquins même ensanglanta nos terres
Et nos premiers consuls nous ont coûté des guerres !

Un jeune Slave très brun, cheveux longs et plaqués de moëlle de bœuf, teint mongolique, visage prognathe et moustaches tombantes de kalmouk, rompit soudain le silence qu'il avait gardé jusqu'alors. Il parlait le français avec une extrême difficulté :

— Pour succès de la Révolution, vaudrait bien mieux que...

FRANCE. — *N'admirez-vous pas la puissance de notre grand Corneille ?*

Le jeune Slave. — Oui, c'est admirable !... Vaudrait bien mieux que...

France.

L'exil des Tarquins même ensanglanta nos terres
Et nos premiers consuls nous ont coûté des guerres !

C'est plus que de la poésie ; c'est plus que de l'éloquence...

Le jeune Slave. — La Révolution...

France. — *C'est de la pierre !...*

Le jeune Slave (obstiné). — Oui, oui !... Vous avez tort d'espérer que tsarisme abdiquera... Pas confiance... Vaudrait bien mieux subir persécutions atroces. Vaudrait bien mieux beaucoup de martyrs, beaucoup de sang, beaucoup de sang et ensuite gouvernement balayé par le peuple furieux.

France (s'adressant à ses hôtes). — Ce *jeune homme est un pur, comme vous voyez. Il lancerait au besoin des bombes !...*

Le dynamiteur se mit à sourire.

Des poches de son veston, il tira deux tubes d'acier.

Et triomphalement :

— Bombe en deux morceaux. Moitiés séparées, rien à craindre. Si on visse ensemble les deux parties, toute cette maison saute.

FRANCE (courtoisement). — *Ne vissez pas, je vous prie. Et croyez-moi, mon ami, tant que d'autres moyens se présentent, il faut y recourir. Souvenez-vous de ceci : la Justice meurtrière, même exercée par un peuple qui se libère, n'est jamais qu'une triste Justice ! Il n'est pas bon d'abreuver de sang les dieux altérés.*

***

Il reprit :

— *La cause des Révolutionnaires russes nous touche beaucoup plus qu'on ne l'imagine.*

S'ils étaient vaincus, l'esprit libéral subirait une crise dans toute l'Europe. Leur victoire au contraire donnerait un grand élan au socialisme dans les autres nations et surtout chez nous.

L'entretien s'aiguilla sur le parti révolutionnaire français.

FRANCE. — *Le peuple dans notre pays est, je crois, très favorable au collectivisme.*

Mais il n'a que l'instinct de son intérêt et il reste, à l'égard des idées, d'une indifférence à faire peur.

Récemment à Bordeaux, j'eus l'occasion d'interroger deux tonneliers qui, la veille, avaient assisté à une conférence de Jules Guesde : « — *A-t-il bien parlé ?* » « *Sûremintgne !* » — *Avez-vous compris tout ce qu'il a dit ?* » — « *Naturellemintgne : c'était assez clair. Il veu⁺ le bonheur d⌐ꞁ tonneliers !* »

Voilà tout ce q̧ 'ils avaient retenu.

Autre anecdote. Il y a quelques jours, j'étais à la Bourse du Travail dans le bureau du redouté Pataud, secrétaire du Syndicat des Electriciens, vous savez bien, Pataud qui n'a qu'un signe à faire pour plonger tout Paris dans les ténèbres.

Autour de lui, par terre, s'empilaient quantité de brochures.

— *Bravo ! lui dis-je, vous songez à instruire vos camarades. Car voici, je pense, des ouvrages de doctrine que vous leur destinez.*

— Ça, me répondit-il, ce sont des exemplaires de Sherlock Holmes. Nos syndicalistes ne peuvent souffrir d'autre lecture.

Et France de conclure :

— Si notre parti était mieux dirigé, s'il n'était pas coupé en trente-six tronçons, il organiserait une propagande plus assidue et plus méthodique et nos principes trouveraient dans les classes populaires un accueil plus réfléchi (1).

(1) Anatole France n'a cessé de porter intérêt aux révolutionnaires russes.

Un jour, Gustave Hervé lui amena un homme de trente à trente-cinq ans, pâle, tondu de près comme un galérien et gardant perpétuellement sur son visage émacié un rictus énigmatique.

Le directeur de la Guerre Sociale le présenta :

— Boris Savinkof, assassin.

— Enchanté, fit M. Bergeret qui tendit la main à cet inconnu.

— Je prierai mon ami Hervé de me faire imprimer un cent de cartes de visite avec le titre qu'il me donne, dit Savinkof en plaisantant.

— Et qui a-t-il assassiné ? demanda France.

— Le ministre de Plewhe et le grand-duc Serge, répondit Hervé.

— Gros gibier, opina M. Bergeret...

Depuis, Savinkof devint ministre de la guerre sous le gouvernement de Kerensky. Il tenta vainement de s'opposer au bolchevisme. Il dut quitter la Russie. A travers

. . . .

(S'adressant à un jeune graveur). — *Regardez donc ces planches de Hans Burgmair ; vous m'en direz des nouvelles ! Ce seigneur et cette dame qui se caressent, comme c'est attendrissant. Voyez-vous le gros ventre de la dame?... Ce n'est pas qu'elle soit enceinte... La mode exigeait alors que les dames eussent de gros ventres, comme elle ordonne aujourd'hui qu'elles n'en aient pas.*

---

l'Europe, il s'efforce sans cesse de susciter des adversaires à Lénine et à Trotsky.

Cet ancien terroriste est désormais étiqueté réactionnaire. Ce n'est point le tournant le moins paradoxal de sa destinée.

Un autre Russe, M. Rappoport qui est devenu Français, et qui, lui, voue aux bolchevistes une profonde et fidèle sympathie, entretient avec Anatole France une vive amitié.

On connaît le truculent portrait que fit de lui le peintre Van Dongen. Un pot à tabac pourvu d'une barbe roussâtre qui lui mange toute la figure. Au milieu de cette barbe, brillent des lunettes d'or.

C'est Diogène ou Ménippe lâché dans la société d'aujourd'hui. Il parle avec un fort accent et lance à jet continu des boutades spirituelles et féroces qui vont frapper indistinctement socialistes et bourgeois.

Pendant la guerre, il se rendit maintes fois en Touraine, à la Béchellerie, où France s'était retiré.

Il mettait sens dessus dessous la bibliothèque de son

Quelle décision de lignes et quelle jolie cadence de composition !

Il faut bien, de temps à autre, jouir de ce qui est toute la consolation de la vie.

---

hôte, bourrait ses poches de vénérables bouquins du XVIᵉ siècle et il les savourait à plat ventre sous les saules de la prairie.

Après son départ, M. Bergeret priait son secrétaire de colliger dans les hautes herbes les livres qui manquaient à l'appel.

Un jour, on retrouva un précieux Ronsard à cheval sur le fil de fer où l'on étendait le linge.

Au cours d'un bombardement de Paris par des Gothas, il arriva une malencontreuse aventure à M. Rappoport. Dénoncé pour des propos alarmistes qu'il aurait tenus dans une cave et que des patriotes trop zélés prétendirent avoir entendus, il fut mis sous les verrous.

Anatole France ne manqua pas de lui adresser une lettre qui fut lue devant les juges et qui sauva l'inculpé. M. Bergeret y disait que les idées de M. Rappoport lui étaient connues, qu'elles étaient saines et que l'incarcération de cet homme de bien était un scandale.

C'est certainement l'influence de M. Rappoport qui, dans ces derniers temps, a de plus en plus incliné Anatole France au communisme.

La toute-puissance du Rêve

La toute-puissance du Rêve

On allait procéder à l'élection d'un député de Paris.

Une délégation du parti socialiste vint proposer la candidature à M. Bergeret.

C'était mal le connaître.

Il n'a rien du tribun. Souvent il parle en public, mais c'est à son corps défendant. Le *camarade Anatole*, comme on l'appelle parfois dans les réunions, est peu versé dans l'art oratoire.

Contraste piquant. C'est un divin causeur. Chez lui, c'est un magicien de la parole. Tantôt attendri, tantôt narquois, il discourt comme un livre, et comme le plus exquis des livres.

Dans un meeting, il a peine à trouver ses mots. Il lit ses harangues. Il les psalmodie d'un ton nasillard qui ne manque point de solennité. Doit-il improviser, il balbutie, il se trouble ; et son émotion même est le plus délicat hommage à la foule qui, fière d'intimider un homme de génie, l'acclame éperdûment.

Mais au Parlement, ses ennemis ne seraient peut-être pas d'aussi bonne composition.

Autre défaut rédhibitoire. Il ne répond jamais aux lettres. Il ne les ouvre même pas. Naguère, elles s'amoncelaient sur un plateau jusqu'à ce que la vieille Joséphine les brûlât. C'était une des fonctions rituelles de cette fidèle servante.

Notez encore que M. Bergeret oublie les rendez-vous, à moins qu'il ne s'y présente un jour trop tôt ou trop tard. Les électeurs se lasseraient vite d'un tel mandataire.

Vraiment, l'écharpe tricolore conviendrait aussi bien à ce philosophe qu'une bague à un chat.

Ce jour-là, il déclina donc l'honneur périlleux qu'on lui offrait. Les délégués insistèrent : il s'obstina dans son refus.

— *Votre démarche me flatte et me touche,* dit-il ; *mais je n'ai point du tout l'étoffe d'un représentant du peuple.*

N'allez pas m'accuser au moins de mépriser la politique. J'admire au contraire les hommes intrépides qui s'y consacrent et qui, vous m'entendez bien, soutiennent les saines opinions, c'est-à-dire les nôtres.

Là-dessus, le nom de Jean Jaurès vint à ses lèvres.

Anatole France professait pour lui la plus solide affection. Il l'aimait pour l'agilité de son intelligence, pour la prodigieuse étendue de son savoir et surtout pour la grandeur de son caractère.

— *Quelle noble conscience !* dit-il. *Il est parfois malhabile à force de droiture. Il ne craint pas de heurter les passions de la foule. Il lui arrive d'irriter ses propres par-*

tisans par sa résistance à leurs excès et par sa loyauté vis-à-vis de ses adversaires.

Il a choisi le rôle le plus ingrat. Il s'efforce d'être le médiateur entre les ouvriers et les bourgeois et d'éviter les violences.

C'est une belle tâche, mais elle est dure.

Parfois, dans une grève, quand la troupe adresse des sommations aux ouvriers qui brandissent des pavés, un homme héroïque, pour empêcher le massacre, s'avance dans le dangereux espace qui sépare les deux lignes. Au milieu des grondements de l'orage, il prêche le calme. Il risque ainsi de recevoir à la fois les balles de l'Ordre et les pierres de l'Emeute.

Une telle image représente bien la courageuse mission que s'est donnée mon ami Jaurès et les menaces qu'il affronte.

Ces paroles, nous nous en souvînmes plus tard, quand périt tragiquement l'orateur illustre et elles nous semblèrent prophétiques.

Un moment après, France vanta le désintéressement de Jules Guesde.

— *Quelle force,* dit-il, *cet homme puise*

dans sa pauvreté ! Il porte toujours des vêtements très modestes ; mais son allure même est indigente et elle le serait encore sous des habits moins fanés.

Son rôle, il faut l'avouer, n'est point si ardu que celui de Jaurès. Car il est moins difficile de se refuser opiniâtrement à collaborer avec la classe bourgeoise que de chercher à la réformer.

L'hostilité qui règne entre ces deux chefs du socialisme alarme les esprits chagrins. Et les profondes divisions de notre parti sont souvent interprêtées comme des signes de faiblesse. Mais ce sont plutôt des marques de vitalité, je pense.

Comme on s'étonnait :

— Hé ! oui, reprit-il. Réfléchissons. Jamais entre les principaux révolutionnaires d'aujourd'hui, ne s'élèveront des dissentiments aussi vifs qu'entre les premiers chrétiens, entre saint Pierre et saint Paul, par exemple.

Il y avait certainement au premier siècle des païens plus voisins de Paul que de Pierre, entre autres les Syriens.

Cependant le christianisme n'a point avorté, que je sache. Vraiment, il n'a pas mal réussi. Et c'est le même jour, c'est ensemble, que sont fêtés Pierre et Paul. Tout me porte donc à croire que les socialistes de l'avenir fêteront à la même date Jean Jaurès et Jules Guesde.

On se mit à rire.

M. Bergeret parla ensuite de Briand qui fut longtemps son ami.

— *Il y a belle lurette*, dit-il, *qu'il songeait à nous fausser compagnie.*

Il s'impatientait contre les jeunes ambitieux qui dans les congrès s'efforçaient de le déboulonner.

— « *J'en ai assez de leur servir de paillasson* », grommelait-il.

Ne trouvez-vous pas la métaphore jolie ? Elle dépeint assez bien la tactique de ces nouveaux venus qui, pour entrer dans la confiance des assemblées commencent par s'essuyer les pieds sur les orateurs en renom.

Briand supportait malaisément que les congrès eussent interdit la participation des socialistes au gouvernement bourgeois.

— « C'est dommage, me confiait-il, grand dommage ! Car enfin il y a quatre ou cinq d'entre nous qui feraient très bonne figure de ministre. »

Je suis sûr que parmi ces quatre ou cinq il se comptait lui-même pour cinq ou six.

Il a conquis ce pouvoir qu'il souhaitait si ardemment et il l'exerce avec habileté ; car il possède l'art de gouverner les hommes.

Je me souviens qu'au temps où il parlait dans les réunions populaires, il savait merveilleusement échauffer le public.

Un jour, dans un meeting, il était près de moi sur l'estrade.

La salle était froide et la rhétorique la plus enflammée ne la dégelait pas.

— « Attendez, me dit Briand à l'oreille, je vais passionner le débat. »

Il avise au milieu de la foule un honnête gobe-mouches qui, les yeux écarquillés, la bouche ouverte ne soufflait mot.

— « Citoyen ! lui cria-t-il, pourquoi interrompez-vous sans cesse ? »

— « Moi ?... » demanda l'autre tout ahuri.

— « *Oui, vous ! vous ! Sachez qu'un adversaire loyal attaque à visage découvert ! Montez à la tribune !* »

— « *A la tribune ! A la tribune !* » *clama l'assistance.*

— « *Mais je ne disais rien...* »

On bousculait le malheureux qui tentait de s'esquiver. Soudain, il fut empoigné par une demi-douzaine d'énergumènes qui le hissèrent sur l'estrade. Il y arriva tête en bas. Pendant une demi-seconde, j'entrevis deux jambes qui battaient désespérément l'espace.

— « *A la porte ! A la porte !* » *hurla-t-on.*

Les deux jambes disparurent dans un tourbillon.

La glace était rompue. L'auditoire ravigoté par cette exécution sommaire, écouta dès lors les orateurs avec une édifiante sympathie.

M. Bergeret poursuivit :

— *Dernièrement encore, Briand donna une grande preuve de son esprit industrieux. Ce fut le jour où le vieux cardinal Richard quitta la maison de M. Denys*

Cochin dont il avait été l'hôte, pour se rendre à sa nouvelle demeure, rue Barbet-de-Jouy.

Briand, alors au pouvoir, craignit les manifestations qui pourraient se produire sur le passage de l'archevêque.

Et voici ce qu'il imagina.

Il envoya devant l'hôtel de M. Denys Cochin des policiers en civil.

Quand sortit la voiture du prélat, ces agents crièrent à tue-tête : « Vive l'Archevêque ! Vive l'Archevêque ! » Et dételant aussitôt le cheval, ils se mirent dans les brancards comme pour témoigner au cardinal leur fanatique dévouement.

Puis tirant, poussant et toujours hurlant des vivats, ils coururent à toutes jambes.

Lorsqu'ils rencontraient de jeunes catholiques fervents qui acclamaient le vénérable vieillard, ils les bousculaient et ventre à terre continuaient leur route.

Ils couvrirent le trajet en un clin d'œil, s'engouffrèrent avec l'archevêque dans son logis et refermèrent sur lui la porte.

*Ainsi furent évitées les bagarres que redou-
tait le gouvernement.*

*A ces subtils artifices, se reconnaît la
sagesse politique.*

*C'est une qualité que je loue chez autrui
et qui me semble presque miraculeuse, car
je sens que j'en suis fort dépourvu. Voilà
pourquoi je ne ferais qu'un triste député...
Si, si, je vous assure.*

*Et puis, je préfère mon métier de philo-
sophe. Ma folle vanité me pousse à croire
qu'il est aussi de quelque utilité.*

Alors M. Bergeret développa le parallèle
que nous attendions.

*— Je sais bien que le rêveur est un mince
personnage auprès de l'homme politique.*

*L'homme politique est l'idole de la foule.
Il est son maître et son esclave. Il traîne
après lui toute la séquelle des quémandeurs.
Il est influent, célèbre, glorieux. Il tient
en mains les destinées du peuple. Il le mène
à la prospérité ou à la ruine. Il fait les lois.
Et cela surtout semble démontrer son pouvoir. Faire les lois, instituer les règlements
que le troupeau doit suivre, poser les bornes*

qu'aucun citoyen n'a le droit de fran-
chir. N'est-ce pas une souveraineté quasi
céleste ?

Il n'y a qu'une petite réserve. C'est que
les lois ne règlent jamais rien. Une loi,
lorsque les dirigeants la formulent, est depuis longtemps passée en usage. Elle ne
fait que sanctionner les mœurs. Si elle les
contrecarrait, elle resterait lettre morte.

Au-dessus du législateur, il y a donc les
mœurs régnantes. Or, par qui sont-elles
établies ? Par tout le monde, mais surtout
par les rêveurs. Leur mission n'est-elle pas
de réfléchir pour la communauté ?

Il faut, pour méditer, un entraînement
comme pour labourer, pour trafiquer, pour
naviguer, pour édifier des demeures. Et je
ne sais point si les mortels qui taillent et
polissent les idées ont plus de mérite que les
autres hommes. Du moins, quand ils rem-
plissent bien leur rôle, sont-ils dignes de
quelque reconnaissance.

De plusieurs manières, ils améliorent la
vie de tous.

Dans son laboratoire, au fond d'une cour

dormante, le frêle savant à besicles repétrit le monde.

Sous nos yeux mêmes, ne voyons-nous pas s'amplifier la révolution causée par le machinisme moderne et surtout par la machine à vapeur ? Le retentissement de cette invention n'est pas près de s'apaiser. Les distances s'abrègent. Notre Europe diminuée par l'extrême rapidité des communications ne dépasse certainement plus en fait l'étendue de la France sous le Premier Empire. Le monde entier n'est guère plus grand à cette heure que ne l'était il y a cent ans notre petite Europe.

Que d'imminentes transformations dans l'histoire du globe cette vérité ne présage-t-elle pas ?

Et le prodigieux essor des livres, des brochures, des journaux qui sèment à tout vent les pensées les plus audacieuses n'accélère-t-il pas aussi les prochaines métamorphoses ?

Ce n'est pas seulement par les inventions que les rêveurs changent l'existence de leurs semblables, c'est par les idées les plus spéculatives et les plus inutiles en apparence.

Copernic prouve que la Terre n'est point fixe. Il la pousse hors de ce point central où se pavanait l'orgueilleuse. Elle n'est plus qu'une chétive vagabonde à travers l'infini. Considérez les longues répercussions de cet ébranlement. Puisque les hommes n'habitent plus le centre immobile du monde, puisqu'ils errent sur une petite goutte de boue errante dans l'immensité, ils ne sont plus les rois de l'Univers. Ils perdent leur assurance théologique. Le doute, la critique et toute la féconde inquiétude moderne pénètrent sous leur crâne. Pauvres êtres très incertains et très pitoyables, ils sentent un peu mieux chaque jour la sainteté de la tolérance et de la compassion mutuelle.

Darwin enseigne la loi de l'évolution. Envisagez l'effet illimité qu'elle exercera désormais sur les intelligences. Sans cesse, elles éprouveront davantage la profonde sympathie originelle qui rapproche tout ce qui vit et tout ce qui souffre. Sans cesse, elles comprendront mieux que tout insensiblement se transforme et qu'il est oiseux

de vouloir arrêter le cours des changements
inévitables ou de chercher à les brusquer.

Ainsi, la plupart des grandes découvertes
finissent par agir sur notre existence courante.

Et d'autres rêveurs, les écrivains et les
artistes n'ont-ils point autant de puissance
que les savants ?

Ce sont eux, à vrai dire, qui de haut et
d'avance dirigent le peuple, puisqu'ils for-
ment ou précisent l'esprit de chaque nation.

Sans l'intervention des poètes, comment
naîtrait l'unité morale d'un pays ? De la
diversité des races, de l'extraordinaire bi-
garrure des provinces assemblées au hasard
par les conquêtes et les traités, comment une
idée commune surgirait-elle si les penseurs
ne l'élaboraient ensemble et à tour de rôle
pour tous leurs compatriotes ?

Quelques rêveurs expriment d'abord les
sentiments des hommes qui les entourent :
ils donnent une voix aux aspirations de
ceux qui peinent et se réjouissent autour
d'eux. Puis, si leur parole est claire, si leur
domaine natal impose par la sagesse ou la

force sa loi aux territoires voisins, ces premiers accents poétiques se transmettent
comme des échos à d'autres chantres qui les
reprennent et les propagent.

Peu à peu, à travers toute l'étendue d'un
pays, un accord s'établit, une symphonie se
compose, toutes les dissonnances se fondent
en une mélodie unique.

Et sans doute beaucoup de rêveurs, beaucoup de poètes, beaucoup d'artistes prennent
part à ce concert. Pourtant de siècle en
siècle, les chefs d'orchestre sont rares.

Il est peu de Villon, de Rabelais, de
Montaigne, de Molière, de Voltaire...

Pour me servir d'une autre image, ces
grands hommes sont les maîtres d'œuvre
qui bâtissent une nation. A l'appel de leur
génie, se groupent des centaines et des milliers
de tâcherons. C'est ainsi que s'affermit le
caractère des Etats. C'est ainsi que s'est
élevée notre France spirituelle, édifice d'indépendance et de sincérité, de verve ironique
et de raillerie vengeresse, édifice de raison,
de sociabilité, de pitié, édifice de fraternité
humaine.

Eh ! bien, maintenant mes amis, cette belle construction, il faut la continuer avec courage, et ce n'est pas le moment de se croiser les bras. Il faut l'élargir pour y loger tous les hommes. C'est à quoi les rêveurs grands et petits doivent s'employer.

Pour voir se dresser les murailles, se profiler les fières colonnades et les vastes frontons, le plus humble compagnon est joyeux de grimper aux échelles en portant l'augette remplie de mortier aux ouvriers plus habiles qui posent les pierres en haut de l'échafaudage.

Laissez-moi donc, mes chers amis, laissez-moi gâcher le mortier pour la Cité du Rêve. C'est mon destin, il me plaît et je n'en demande pas d'autre.

TABLE

TABLE

✢ ✢ ✢ PARIS ✢ ✢ ✢
✢ IMPRIMERIE ✢
✢ PAUL DUPONT ✢
✢ ✢ ✢ CLICHY ✢ ✢ ✢

Lightning Source UK Ltd.
Milton Keynes UK
UKHW01f2131190818
327432UK00012BA/896/P